Fundación César Manrique, Lanzarote

Text/Texto
Simón Marchán Fiz

Photographs/Photographien/Fotografías
Pedro Martínez de Albornoz

Edition Axel Menges

Editor/Herausgeber/Editor: Axel Menges

Published in cooperation with the Fundación
César Manrique, Lanzarote.
Veröffentlicht in Zusammenarbeit mit der Fundación
César Manrique, Lanzarote.
Publicado en colaboración con la Fundación
César Manrique, Lanzarote.

© 1996 Edition Axel Menges, Stuttgart
ISBN 3-930698-16-1

Reproductions/Reproduktionen/Reproducciones:
Bild und Text GmbH Baun, Fellbach
Printing and binding/Druck und Bindearbeiten/Impre-
sión y encuadernación: Daehan Printing & Publishing
Co., Ltd., Sungnam, Korea

Translation into English/Übersetzung ins Englische/
Traducción al inglés: Colm de Búrca
Translation into German/Übersetzung ins Deutsche/
Traducción al alemán: Renate Hehr

Design/Gestaltung/Diseño: Axel Menges

Contents

Inhalt

Contenido

The house of the artist César Manrique in Taro de Tahíche

»He will open his mouth – bomb and fire – and will bomb and set fire to the whole island. And all the strands – silver, aluminium, wax – of Lanzarote will be his lips.« Agustín Espinosa

Lanzarote, like its seven remaining sister islands in the Canary archipelago, strewn over the Atlantic like speckled pearls, was rediscovered hardly 30 years ago by the man of leisure lost among the crowd, the tourist who, imitating the traveller of the Enlightenment, while no longer searching for his own self in packaged itineraries or in the untamed wilderness, does at least try to find that far-off nature which is absent from his everyday life. However, Lanzarote had already been discovered towards the end of the Middle Ages by those fearless seafarers who ventured to travel with unsure destination the unknown, tempestuous seas.

As it happens, and probably because chance made it the first of the Canary Islands that we meet when sailing south from Europe, the Genoese Lanciloto Malocello was to set foot on Lanzarote in the year 1312, and it is from him – as a Catalan atlas of 1339 reveals – that its name comes: Insula de Lanzarotus Malocelus. It was some years later when the first man from the Peninsula went ashore on the Island – Martín Ruiz de Avedaño from Biscay, in 1377 – and was immediately enveloped in legend resulting from his romance with the native queen Faina. However, the conquest of the territory, by the troops of Jean de Béthencourt, a Norman knight in the service of the Crown of Castile, was not undertaken until 1402. The result of this is that Lanzarote has continued under the Spanish Crown down to our own times, and is, as Spanish territory, being part of the Canaries Autonomous Community.

However on this occasion it is neither the geographical nor the touristic discovery that attracts our attention, but the physical landscape and the actual geography of an unusual island that has sprung from the destructive forces described in dramatic tones by the Parish Priest of Yaiza, don Andrés Lorenzo Curbelo, eye-witness to the volcanic eruptions that shook it between 1730 and 1736, which – as did those of 1824 – overwhelmed its fruitful valleys and humble villages, plunging its terrorised inhabitants into misery. But when the earth's innards stopped groaning, and its craters no longer vomited their incinerating lava, it seemed as if that artistic instinct which the romantic poet Novalis attributed to nature itself had been conveyed using those same forces of destruction now contained.

Be that as it may, since then its more than three hundred craters – many of which are visible on clear, bright days from the Peñas del Chache and other similar heights – have become transformed into the eyes of the landscape; while that third of its territory, once flooded in lava, has been converted into an enigmatic volcanic forest, the Timanfaya National Park.

While these volcanic landscapes twinned with the desert still remain an enigma to be unravelled by geologists and other scientists, they are no less so for whoever crosses them, as they have been transformed into an enormous museum of natural curiosities particularly rich in beautiful – when not strange and surprising – features that frequently surpass the sublime hidden by a veil of trepidation and isolation. And the fact is that, as visitors, what captivates us most and what embraces the varied impressions that the island brings about in us is this aesthetic discovery; this continual stumbling across these intriguing monuments of its particular volcanic natural history, raising themselves up like milestones in landscapes often equidistant from the present as from the history of humankind.

This island's varied terrain frees and sets the forces of our imagination in motion, but what may be most surprising of all is that although so familiar to thousands of visitors, the feeling of the unusual does not disappear. We are strongly attracted to both the organic forms arising out of its quenched craters, the »calderas«, tinged by the pigments of their own eruptions or covered by the never-ending rain of sand as well as by the broad lava surfaces, petrified in layers of a buckled twisted texture, among shadowy colours or fiery torrents which in furrowing them became instantly immobilised; but we are equally charmed by the slopes of the gentle mountains, protected by the disintegrated cindery volcanic residues – popularly known as »picón« – or the fields covered naturally or artificially by sand drifts, while in other parts of the island the blankets of volcanic magma or of golden sand unfold speckled with the green of the tropical vegetation, the white of its edifices or the wide range of yellows, browns, reds, ochres and silvers brilliant in the sunlight and the sharp contrast of the enveloping deep blue drapery of the Atlantic. The point is that the beauties of Lanzarote blossom from the happy concert of the four originating elements which the Greeks considered as the basis of all creation: earth, air, fire and water.

It is true that the island of Lanzarote has always flaunted its disturbing geological beauties, silent witnesses to original creation previous to human presence, or the calmer ones of its organic forms, its gentle slopes and natural vegetation and that brought about by its inhabitants' initiative. However, it is almost impossible to imagine its recent aesthetic discovery without the help of someone who loved this wonderful paradise, as did the artist César Manrique, who was able to see all this and pass it on to others. Born in 1919 in Arrecife, the island's capital, Manrique moved to Madrid in 1945 to study painting in the Escuela de Bellas Artes de San Fernando and the seventh art in the Instituto de Investigación y Experiencias Cinematográficas. In 1954, we find him among the founders of a circle of painters, along with Luis Feito and Manuel Mampaso, gathered together around the Galería Fernando Fe, one of the first to dedicate itself to abstract art after the civil war. From then on, his career as a painter – touching indistinctly on symbolic quality and materiality and a lively naturalism arising out of his environmental experiences – was always marked by his original surroundings, indelibly marked on his mind since childhood, especially those of this »volcanic baroque« ascribed by the artist himself to the whole island, in 1988. Nevertheless, this is not the moment to let his widely recognised contributions to painting and sculpture detain me, worthy as they are of more brilliant analysis; neither is it the moment to review the numerous national and international awards won, such as the Gold Medal for the Fine Arts given by the Spanish Ministry of Culture in 1980, or the Fritz Schumacher Prize of the City of Hamburg in 1989, nor the numerous individual and collective exhibitions held in America, Japan, Spain and Germany. On the other hand, what I would like to emphasise is that after spending the years 1965 to 1968 in the United States, he returned to live in Lanzarote in the latter year and began to work tirelessly to safeguard and enrich the island's environment, here relying on the inestimable support of his childhood friend José Ramírez Cerdá, who was at the same time the President of the Island Council, and with the cooperation of a team headed by Luis Morales and Jesús Soto.

Manrique frequently repeated that being born into »this geology of burnt ashes in the middle of the Atlantic« conditions any sensitive person and of course it conditioned him to such an extent that, in the same way as the poet Agustín Espinosa spent all his energy in using poetic vision to create a new guiding mythology for Lanzarote, the painter not only rediscovered the island by other expressive means, but he also launched himself passionately into building a fresh Lanzarote. An almost utopian »terraformed« Lanzarote that he worked on over a period of almost 25 years through his architectural and environmental projects, at the same time as he inspired a mood that ended up gelling in the collective consciousness and awakened an aesthetic sensibility in the general public. So what we have here is an overpowering artist who was not only able to see the natural monuments erected by volcanic activity, or its beaches as lips, the strange agriculture fostering a special, unconscious »land art« or the clean, sober traditional or semi-sophisticated architecture, but who, very daringly, took up an immense utopian challenge and, by extension, threw down the gauntlet to the rest to save its environment.

While not giving up his activity as a painter, the occupation he actually lived from, from the time he returned to live permanently in Lanzarote, Manrique gave himself over with great feeling to the task of imposing a certain unity on the island's style. Both where the physical environment was concerned as well as in its architecture. In fact, what he was always seeking, in an expressionist spirit that he surely knew nothing about, was the »earth building«, a very personal version of the total art work (Gesamtkunstwerk) using the place's own discovered and cultural materials. Labels classifying him as painter, architect, designer, sculptor, planner, town-planner upset him as a person, because aside from seeming debasing to him, he always saw the future of art, and of course, his own activity, in its globality. Here particularly, he felt urged to go beyond the limits of each art, to broaden them in unexplored directions and to integrate all their facets in a globalising symbiosis affecting both art and man's life. As he stated in March 1992 on the occasion of his Foundation's inauguration, he identified fully with Joseph Beuys' ideas on »the need to broaden the ambiguous limits of art to include the concept of the meaning of life; but it is first necessary to halt the alarming deterioration of the planet. Artists have the moral duty to come out in defence of our own environment.«

Given these points of view, the landscape, flora and agriculture, the buildings and inhabited localities became the points of departure for the activity that had one of its first manifestations in *Lanzarote, arquitectura inédita* (Lanzarote, an unknown architecture, 1974). In this first work, written jointly with the critic Juan Ramírez de Lucas, the island's geology and black landscape were surveyed, as was even more thoroughly so that architecture »without known builders, without names, without signatures, whose secret is kept hidden«, according to the quotation from the romantic Victor Hugo that heads the first pages of the book. Immediately thereafter, we note the preference for constructions without architects or by unknown architects which are not to be found in the cities, at that time of little importance in the island – excepting its capital – but in the layout of the earth's surface. Here, it is not by chance that he made sketches of its agricultural geometry after a brief trip around the island, giving evidence of the first traces of interference in the landscape that man's building works imply.

We refer primarily to the »socos«, which are almost neolithic farming structures, made of semicircular walls of volcanic stone, cut as paving stones; built in rings, without any mortar whatever holding them together, they form a sort of lattice that in breaking the force of the winds protect the leafy vines from which Malvasia wine is extracted, whose fame even reached the ears of the reclusive Immanuel Kant, thanks to the 18th century naturalists. Traditional to Lanzarote, the »socos« have not just become a characteristic image of La Geria and other parts of the island, but one of the most eloquent »discovered« elements of »land art« preceding all artistic fashion that has in turn been used as an inspirational element in some architects' building projects. This was the case of that presented in 1963 by Fernando Higueras, Manrique's friend and collaborator, for the south of Lanzarote (and now in the New York Museum of Modern Art), and whose impact can be seen in the Hotel Las Salinas, designed by both.

Surely the »taro« is the dwelling that evolved out of the »soco«: an equally primitive cabin, built in a rudimentary manner, that was used to guard the nearby fields of vines or fig-trees, and as shelter against the rigors of the climate. In fact, one of the best known can be found very near Manrique's house in the region of Tahíche.

Well, if we continue to be seduced by these and other agricultural constructions, due to the balanced, happy fusion they reveal between nature and the early stages of culture, transforming agricultural needs into almost neolithic forms, balance and serenity also imbue the more evolved variants of human dwelling. Specifically, the organic, functional construction using cubic or round bodies, of the traditional houses of Güime, Guatiza, Haría, La Geria, Los Valles, Montaña Blanca, Tao, Tahíche, Tías, Tinajo, San Bartolomé, Uga, Yaiza and other gleaming white points that are sprinkled over the island's surface barely encroaching on the view, in relaxing harmony ignorant of the rigidity of urban design, adapting itself to local conditions and the areas' topography, and embracing dispersion and topology as criteria for their situation on the land.

Landscapes of geological strata, or covered by blankets of cold lava, or by the ever-moving sands and the changing dunes, patent-leather rivers of this same solidified lava and the sandy lips of many beaches caressed by the surge of the sea, tropical vegetation and that deriving from human effort, the agricultural buildings and traditional dwellings, sometimes even sophisticated architecture such as the religious, or the noble houses of Teguise, this is a partial catalogue of the motifs that the artist's scrutinising eye dwelled upon. But for Manrique this aesthetic discovery of the island went beyond the limits of disinterested contemplation to become implicated in a process of creation that was to mark the course of his own project for utopia. This aesthetic exercise thus formed the guidelines for future projects that in little more than 25 years have converted what was the Cinderella of the Canary Islands into a world-wide archetype for integrating nature and culture via art, architecture and the conservation of the physical environment. And this has been recognised on numerous occasions, specifically when Lanzarote won the Europa Nostra Award in 1986 and when it was declared a World Reserve of the Biosphere in 1993. But these achievements would not have been possible were it not for the enthusiastic activity – against wind and sea – of Manrique himself, the universal builder, at least in the metaphorical sense, of insinuated, unknown Lanzarote.

»Studying and observing the landscape«, wrote Manrique in *Lanzarote, arquitectura inédita*, »its flora, its agriculture, and its architecture were the basis for starting to educate the first teams that were constituted.« Years later, in a monograph on Lanzarote published in Stuttgart in 1982, he wrote simply of the spirit that inspired him in his work: »Apart from starting to extol the places where nature had created something that could not be compared to any catalogued beauty ..., we began by stressing its own genuine volcanic character, emphasising its own unique agriculture, following the development of a clean, elegant traditional architecture.«

A new attitude towards the beauties of the island energised this short program, or as the artist preferred to say, a new concept of the connection »Art-nature or Nature-art«. But this equivalence – frequently invoked by Manrique to explain his achievements – was not limited to an artistic treatment against the deterioration of nature, but rather it was broadened to the potentialities of the latter in the field of art itself, as that is where the enigmatic reason for artistic creation lies. In this sense, remembering his return to Lanzarote from the aggressive, conflictive, massified world of New York, he said in 1992 in the speech mentioned above on the occasion of the inauguration of his own foundation: »I knew at the time that the secret of life and the sense of truth were to be found in nature, and for that reason I came to this volcanic island.«

In fact, from then on his efforts were directed towards rescuing these places of incomparable beauty, whether by installing routes through the island, especially the volcanic route in the National Park of Timanfaya, building lookout-points in the heart of the countryside such as those of Haría and El Río, building restaurants such as the Diablo in the Montañas del Fuego, restoring abandoned ruins, such as the castle of San José, following the island's clean, sober architecture in the Casa Museo del Campesino (Farmer's House-Museum) or supervising others' work in his position as Official Delegate of Fine Arts and as Artistic Director of the Río Tinto Company. I feel that among his own works, the Jameos del Agua, the Mirador del Río, the Cactus Garden and the house in Taro de Tahíche are worthy of mention; the last of which now houses the César Manrique Foundation.

As is well-known, the German romantics (praised in this century by the expressionist architects of Berlin) considered architecture to be a continuation of nature as builder, while from Novalis' *Heinrich von Ofterdingen* and certain paintings of Caspar David Friedrich and Carl Gustav Carus, the cave and the cavernous maze became clichés as mythical images of architecture and contrast with the primitive cabin of the Enlightenment philosophers. We cannot say whether Manrique was familiar with these references or others of the type, but of course he not only empathised with these primitive architectural endeavours, but indeed in 1968 he gave us the first great work where he continued nature's building activity while keeping its own volcanic character.

As a matter of fact, Jameos del Agua is a series of volcanic cavities burst open, set in a chain of caves, underground bubbles and tunnels produced – virtually »built« – by the eruptions of the Corona volcano, located in the north of the island. After descending to the Jameo Chico in whose interior a restaurant has been installed, one goes down a rough wooden stairway surrounded by tropical vegetation to a cavern, 62 metres long by 19 metres wide, where a natural skylight projects the rays of penetrating sunlight onto a lake situated below sea-level, piercing its salt water with mutant darts in the range of metallic blues, turquoises, and greens. The space beneath this huge arch impresses us for the solemnity of the emptiness produced by chance by the explosion of accumulated gases and the cavernous textures conjured by this volcanic baroque. The artist interfered minimally, promoting nature to greatest effect: topography, materials and vegetation; and following his functional, but poetic suggestions, a bar, a nightclub, or an exotic swimming pool could be located in another of the open bubbles or the twisting stairway that leads one to the Jameo Grande, 100 metres long and 30 metres wide. Its stark arch shelters a concert-hall that would have delighted the Taut brothers and Hans Poelzig. And the case is that here in this »discovered« labyrinthine work, a symbiosis between the mythical cavern, the effects of fire and water as universal symbol of life bears fruit as a construction overflowing with fantasy.

The spectacular Mirador del Río is based on an old artillery position, the Batería del Río, at an altitude of 479 metres, commanding vast stretches of sea. What is attractive about this project is that it springs from the use of a somewhat surrealist perversion, as both the wide, empty esplanade and the imposing backdrop of the semicircular dry-stone wall produce sensations of exclusion that are tempered only by the rustic entrance door over which the eye is lifted as a metaphor for the promised view. But once the visitor has crossed these thresholds – not devoid of other visual surprises – on the far side, he finally enjoys breathtaking panoramic views from both the inside and the short »promenades« built outside, views reaching as far as the islets of Montaña Clara and Alegranza, the island of Graciosa and the distant blue horizons. Excepting the glass-covered openings, the whole edifice fuses with the surrounding volcanic environment in its shapes, colours and textures almost to the point of being mistaken for it.

While Manrique excavated the abandoned artillery positions for this lookout-point in order to embed a new construction in the mountain, in laying out the Cactus Garden he took advantage of a huge pit dug out by farmers in 1850, when they extracted »picón« to spread on their fields, and transformed it into a magnificent Roman-style amphitheatre. The difference is that here, the show is not put on by men, but by almost 1500 species of cactus from America, Madagascar and the Canary Islands themselves, with myriads of plants of the most unusual, exotic shapes and colours. The visual impression made by the huge metal sculpture that Manrique positioned outside informs us that the garden pays homage to those species that cover the fields lying between the nearby villages of Mala and Guatiza. The revolving entrance, uniting traditional architectural motifs with the compositorial methods and styles of the sophisticated, accentuates the somewhat mannerist surprise effects, and acts as a filter for the fascinating show which we are afforded inside. Here, just as with the big wall of Mirador del Río, the work is laid out in steps similar to tiers of a theatre, built using the same methods as the »socos« and »taros« mentioned above, but they also remind us of topographical resources and of growing architecture such as we find in Antoni Gaudí's Parc Güell, the architect that Manrique himself most identified with.

I believe that the Cactus Garden is the climax of the »total art« work as this artist understood it, where there is a close bond between art and nature, continually exchanging roles; from an understanding of architecture as organic growth, a prolongation of nature in its building activity, transfiguring all that it touches. This may be why materials of such varied character can be found side-by-side in this garden: the restored windmill of Guatiza; new projects taking advantage of a taro and transforming it into a souvenir shop; the sculpture at the entrance with bars, lamps and other objects of design whose motifs allude to the surrounding vegetation; this arbour of botanical and aesthetic curiosities that grow and seductively adorn the volcanic pit with huge basalt monoliths shaped like surreal anthropomorphs that the farmers' pickaxes chiselled at random owing to the hardness of their stone, and still stand like statues without sculptors, that nonetheless seem to have been sifted by the organic vision of a Henry Moore.

In these and other architectural works of Manrique's – realised both alone or in cooperation with professional architects – such as the Hotel Las Salinas or the Pueblo Marinero, one of the prime achievements in mass tourism, we can see, to our great satisfaction and appreciation, that the »miracle of utopia« that the artist so confided in has come true, at least in part, especially if we compare it with what has happened in other sister islands. We can even sense that unity of style that Manrique urged for the island as a whole and whose first repertory of models appeared in Lanzarote, arquitectura inédita that have inspired mass-tourism projects and that will act as a stimulus for future developments.

Up to now I have recreated the aesthetic impressions awakened by visiting and contemplating the island, after first accepting the invitation to discover it that is inherent to Manrique's life and works. However, this has not been on a whim. Quite the opposite, I feel it to be a necessary prelude to crossing the threshold of the house-studio that he built for himself in Taro de Tahíche, thus named because one of the best examples of this primitive building exists there, seen in a state close to ruin in Lanzarote, arquitectura inédita.

During his long stay in New York, as Manrique confessed on more than one occasion, he never managed to dispel the waves of nostalgia that his memories of the island brought about in him. And driven by this, as soon as he returned there in 1968 he became obsessed with building a house that seemed to have more in common with a childhood fantasy of his than with prosaic reality. As he was to comment in 1988: »As soon as I stood on Lanzarote again, I noticed an obsession to go back and relive the adventures of my youth in the lava; but now – comparatively – with much experience; I felt great interest in finding, or if possible, repeating the sensations, of living anew the magic of the volcanic fissures and thereby experiencing this aesthetic feeling.«

After unrelentingly searching the island's surface to find the exact site, the choice of location fell on one of those »your black patent-leather rivers in mourning, now quenched without fumes, of thick, doughy current, now stilled«, as he had seen the torrents of lava in 1974. More specifically, the one chosen was the torrent produced by the volcanic eruptions of 1730 in the environs of Teguise, the old capital of Lanzarote. To everyone's surprise, Manrique was to drill and fix his home in this inhospitable landscape, surrounded and almost inundated by the lava immobilised instantaneously. But it were just these geographical surroundings that allowed him to create strong, suggestive contrasts between the volcanic blackness and the whiteness of its bulk, between darkness and light, between the tactile and the visual, between the values of nearby space and of the more distant.

Considered from a certain distance, Manrique's house-studio can be mistaken for any of the other attractive cubic structures dispersed over the plains and slopes of the island. If we stand beside the main entrance, we notice that its uneven profile projects beyond the backdrop of two typical volcanic craters, those of Maneje and Tahíche mountains, while if we stand on the other side, its bright whiteness stands out intensely against the blue of the ocean that is at its feet at no great distance. But once we cross its threshold, the trip provides us with so many surprises that it becomes exceptional and even unique as a modern work capable of challenging even the most brilliant of those from the island's past.

On occasion it has been said that Manrique actually set up a workshop in his house-studio. But it must not be understood in the sense that he converted it into his workplace, into his studio until 1987, but rather that he turned it into a metaphor for his own work, substantiating many artistic and living experiences in its construction; achieving a fluid symbiosis between the volcanic land transformed into a fine home, and the exuberant tropical vegetation, or between this house and the repertory of elements taken from the vernacular architectural tradition. In restoring and extending the Casa-Museo del Campesino located in the geographical centre of the island between San Bartolomé and Mozaga, Manrique had already explored this traditional vein, even employing it as the guideline for his own creation, but now, in favour of neither the shortsighted »pastiche« regionalism nor the International Style deaf to other melodies, while he does not reject differences, he screens them accurately with certain modern filters.

Work on the house-studio began in 1968, and although the extension and remodelling in order to house the Foundation came to an end in 1992, it must be considered as a »work in progress«, even after its creator's death. But this open, unfinished character certainly does not contradict the initial spirit that imbued it, but rather it clarifies the spontaneous, instinctive attitude that impregnates it. For this very reason, once the kernel had been established, the house continued to grow with time as if we were dealing with a natural phenomenon; without a preconceived idea conditioning it; without an architectural plan in the technical sense of the words. As is well known, Manrique used to illustrate his concepts on any ephemeral object – a single page, a paper napkin or by tracing lines on the ground with chalk, but above all, developing the envisaged project on the ground as it went along. He also built his house in this way, with the help of the foreman Miguel from San Bartolomé, and a group of local workmen.

Now, when we consider the plans drawn afterwards, the organic growth can be clearly seen in the underground floor, a sort of octopus formed by chance due to the nature of the volcanic bubbles. On the upper floor, on the other hand, the straight lines of quadrilaterals predominate, although the organic curve is not completely rejected; but the grouping of its unequal geometrical units is determined by the local geography and asymmetry relating to a diagonal axis. What is more, if we were able in some imaginary way to portray the different physical levels of the sections: uneven corridors, terraces and lookout points, or the heights of their rooms, the idea that we have here a collection of segments becomes stronger, although we are bewildered by the way they fit into the terrain; by knowledgeably taking advantage of what the natural environment offers, and even for that versatile unity that pertains to a living organism's growth, at all times reacting to the needs of the moment. Remaining true to certain invariables of the island's architecture, in this sense Manrique is in harmony with modern trends that we knew well in the sixties, specifically with that interpretation of »organic« architecture that, although originated by Frank Lloyd Wright via Bruno Zevi and others, allowed the vernacular to be married to the modern under various guises. For this very reason, as also happened with his friend and associate Fernando Higueras' more professional works, Manrique gave the organic trend such a particular stamp in his house, that the result was indigenous and unmistakable.

Having used the plans to acquaint ourselves with the general layout of the house-studio, I believe that the visit can follow two different routes. If we are interested in understanding its origins, how it came about and continued to grow over the years, it is prudent to start in the central areas, in its original kernel. However, this possibility, certainly the best, the preferred one for an architect or other professional, cannot be considered for the visitor who has been attracted by other features as soon as he/she crosses the threshold. Although I will follow this latter route, I shall halt in the original core as once the first impressions have passed, there remain delights that are not noticed at first glance.

The main entrance to the house-studio has two convex brick walls ending in two pillars topped with pyramids, as in other properties on the island, but one immediately notices Manrique's stamp in the grill of the gate, because – as we will also discover in other objects such as lamp-posts of truncated, opposing cones, lamps of sectioned cones or the rubbish-bins – their design is halfway between the craftsman's and the artistic, close to sculpture. Specifically, in the carpark outside, we can examine the sculpture *Sin título* (Untitled, 1992/93), painted white and whose rhomboids and pyramids are driven by the wind, while *Triunfador* (Triumpher, 1989) is to the left of the walk that brings us to the actual entrance to the museum; this is a stylised, organicist figurative work that contrasts with another more complex mobile located to the right *Sin título* (ca. 1980), where the trade winds play with the hemispherical and circular shapes of varied sizes and loud, somewhat »pop« colours – confiding in another of Lanzarote's almost perpetual natural elements, the trade winds. Logically, both mobiles form part of a kinetic series, *Juguetes del viento* (Toys of the wind).

As soon as we enter the gates of the property, we see a volcanic landscape to the right, formed by lava and »picón«, tropical vegetation and »socos« of the type seen in La Geria, while to the left there is a sequence of white cubic forms with flat roofs, small pyramidal skylights, a typical chimney of Byzantine style, and even a simple bell-tower modelled on hermitages such as that of Teguise. In fact, the main door is crowned by three pillars with pyramidal tops, almost exact reproductions of those that can still be seen in Yaiza and Tías, while woodwork frames the openings with the habitual deep greens of Lanzarote. What immediately springs to mind, then, is that the most traditional architectural repertory is reinterpreted very freely in these rooms, at one time used as rooms of the house, but extended since Manrique's death for use as offices by the new Foundation's manager and administration.

Continuing our visit, we come to a sort of arcade on the left, with eye-catching visual surprises, through which we enter a hall provisionally used for temporary exhibitions. We refer to the »taro« built in 1994 on the site of a garden that Manrique had left open. Although called a taro, its bulk makes it seem to take on the more evolved shape of the »round swellings of your ovens« (Manrique, 1974) like those of Teguise and Guatiza, although differing from them in the more bulging ceiling covering the oval, edged at the base of the ellipse and in the ring of the lantern that crowns it, with a kerb of cut stone. To be specific, both in the porch leading to the patio, in the entrance to the enclosure and other interior details, all in cut stone, a certain religious or manorial influence can be seen in the construction of the doorjambs and lintels. Without doubt, this enclosed area is attractive and is comfortably lit by the gentle light cast from the central lantern onto the even walls, all of which invites one to examine the works of art, while its external ap-

pearance abounds in no less refinement and excellence. Although a superb creation in itself, it nevertheless falls outside the vernacular pattern and simplicity of the original core, overwhelmed by its baroque interpretation which we have already observed in the entrances to the Mirador del Río and the Cactus Garden.

The entrance to the house proper – now converted into a museum – is hidden away in a garden bordered by the intermittent dry-stone walls of volcanic rocks superimposed on one another, where two of the volcanic bubbles vent and where Manrique's pastime of accumulating »found objects« becomes obvious. On this occasion, it is ships' anchors and skulls of camels, goats and other animals, placed on the wall and dispersed among the bougainvillaea, and cactuses forming a troubling assembly of curiosities. One moves from this oppressive garden to the central part of the upper floor of the house. Having glanced at its ground plan and even more so in walking around it, we gather that it is a series of rectangular and square spaces some of which – such as the bedrooms – remain isolated, but that in general interconnect, forming a fluid continuum in which the displaced axes and the orientation make for great dynamism and an asymmetrical distribution.

It is obvious that Manrique was inspired by the organic growth of traditional architecture, and that here in this series of spaces he followed the distributive scheme of the central courtyard onto which the other rooms of Lanzarote's houses open. Even the abundance of natural light that enters through the roof and especially that which is projected into the centre through the skylight, lighting the red bubble, as well as being a fine architectural detail, superimposing the two circular rings, guarantees the central function of this space as illuminating and distributive patio. In the same way, the building technique used in some roofs and elevations, the cubic spaces and the textures of the outer surfaces reveal the stamp of the vernacular. But what can be said of the glaring presence of those outsize chimneys rising above these most purist of spaces? While one of them – that set in the right-hand corner of the living room – can be justified as functional, as an outlet for smoke, the one in the left-hand corner, closer to the kitchen, had a solely decorative role and is the virtual double of one that is to be found in Haría, where Manrique built his second residence.

Once we have recognised these and other imprints of the island's architecture, it is sufficient to compare and ponder – from the outside – the enormous contrast between that chimney so evidently copied from one in Haría and the huge glassed-over opening below it or even the continuous spatial sequence formed by the area below it, to realise that the local vernacular has been sifted by a modern vision and transfigured by a speciality that brings us back to Frank Lloyd Wright, the neoplasticist space and the private houses of Ludwig Mies van der Rohe in the twenties, while the ample glassed-in enclosures, ready to be opened at any time, uniting interior space and exterior, evoke in us either the same Mies or certain images of Le Corbusier's villas. It is well known that Manrique had no special architectural training, but also that his intuition and his travels had left him impregnated with many modern stimuli and that he was receptive to what was going on around him.

Be that as it may, Manrique achieved a fluid union between interior and exterior in these spaces, between architecture and nature, that can be easily experienced by visiting the exterior terraces in the area opposite to the entrance to »take a walk«, or from the interior, if we direct our gaze outwards or look from different angles and perspectives. Then, when we feel surrounded by nature outside with its exuberant vegetation or volcanic harshness; when we are engulfed by the nearby or distant countryside; when we direct our gaze through the wide windows and make out the tropical vegetation, the river of lava, the brush-stroke white constructions that dot the nearby plains and mountain slopes, we are rewarded with the most varied surprises from each and every angle.

From the interior we already experience an inkling of what awaits us in the floor below, because while vegetation projects from the red bubble in the very centre of the house, from the corridor leading to the bedroom we see the yellow bubble through one of the ample windows, and through the other located in the corridor leading to the present exhibition hall for projects, the black bubble with the lava torrent interrupted by a number of »socos«. These surprising views continually astonish us with the most unusual attractions, a distillation of those dispersed throughout the island.

But along with these and other surprises, we must not forego the most intimate and discreet of all – the bathroom located beside the artist's bedroom, which arouses great interest. Truth to tell, more than a bathroom with toilets, we could consider this space to be a singular »boudoir« intended for contemplating the luxuriant vegetation of its plants, the landscape that enters through the lateral windows and the overhead illumination through a glass dome, turned green by the verdure of the upper part, rather than being intended for physiological needs. It must be symptomatic that this prosaic area, so disdained by the moderns with the possible exception of Le Corbusier, is so greatly esteemed that it becomes an environment for meditation where the body is reconciled with the spirit, man with nature. Practically an inlay in the landscape, it is an anticipation of what awaits us downstairs; charged with symbolism and constituting the actual centrepoint of what makes the house grow from the interior outwards.

The gentle progressions from one room to another, the spaciousness of the views out through the large glass windows, the gradual, filtered light, the cleanness and the relaxed colour of the walls and other aspects transform this sequence of spaces into a place of meditation which we enjoy all the more if we traverse it empty and without disturbance. But once again the meditation can be equally projected towards the outside as secluded within. Perhaps this experience encouraged Manrique to transform his house into a »museum to be lived as an art gallery«. It is precisely this private museum that has been converted into another of our visit's major attractions, as apart from models of his architectural work, canvases by Equipo Crónica, Alfonso Fraile, José Guerrero, Manuel Mompó, Gerardo Rueda, Eusebio Sempere, Fernando Zóbel, works by artists from the Canaries, such as Martín Chirino, José Dámaso, Juan Gopar, Manuel Millares o Néstor de la Torre, as well as graphphic works well as by Pierre Alechinsky, Eduardo Childa, Joan Miró, Pablo Picasso, Antoni Tápies and others are also on view.

Intriguing as the visit has been thus far, even more unusual surprises await us as we leave one of the upper rooms to enter a small garden where a steep, rustic staircase leads us down into the first bubble. Known as the bubble of the descent, or of the avocado – because one of these trees has grown here – from here we reach the remaining four bubbles and the swimming pool through the communicating tunnels. Having made the initial discovery of the bubbles, this communication recurred as one of the most exciting events during construction. In this difficult task, given the hardness of the basalt, Manrique was helped by his local friends, with Domingo Padrón, the foreman from Tahíche in charge. During the first years, the bubbles were entered by the spiral staircase in the centre of the living room, and this resulted in the red bubble being central, leading to all the others. Since the moment work connecting the black bubble to the yellow one was finished in March 1989, a round journey can be made, visiting the avocado bubble, the white bubble, the red bubble, the swimming-pool »jameo«, the black bubble and the yellow bubble in turn. Declared temples of the muses, each is named for the colour that the lower part of the space is painted, while the organicist swimming-pool bubble – point of departure for later projects in other places – has become a fascinating oasis in the lava desert.

Studying the ground plan of the five bubbles and the swimming pool, we observe that it has no affinity whatever with those we already know in architecture, not even with the most daring proposals of the organicist trends of the sixties, excepting perhaps certain utopian projects of William Katavolos and Paolo Soleri. But Manrique was different in that – aside from having nothing in common with the drawings for the marine city nor with their authors – the inspiration for his utopia was effected in actual reality where not only did he exalt a place where nature had created incomparable beauties, but he imprinted the island's volcanic nature on his own internal architecture. His dreams were realised in what was almost a »found« architecture in the bubbles and the cavernous maze of the tunnels; an architecture that sprang from the guts of the earth and became a metaphor for the maternal womb and symbol of physical and mental interiority.

Of course, the descent to the bubbles was not diverted to hell, but in going down, a sort of blinding revelation illuminated the island's mysteries, or least an amorous encounter with mother earth envisioned as »a fine dwelling«. Thanks to this aesthetic revelation, what appeared to others to be banal, everyday, even meriting ridicule, Manrique considered exceptional, the hidden essence. 20 years later, in 1988, he still trembled with emotion in evoking to us the original experiences that were to result in such an unusual, unforeseeable architectural reality: »In the course of my investigations during my renewed contact with the lava, I came across five volcanic bubbles, and my astonishment overwhelmed my imagination on entering them, climbing down a fig-tree that grew out of one. Inside this first bubble, I felt I was in another dimension, remarking the great art works formed by nature itself. Right there in its interior, I knew that

I could transform them into suitable lodgings for a human, and began to plan my future house, seeing its magic, its poetry and its functionality with enormous clarity, all at the same time. On leaving its intimacy and its great silence, I had to make an effort to return to a reality that I had withdrawn from.« And then as an afterthought, he briefly recounted the story of how he had lived for almost 20 years as one whose »innermost self had participated in a dumb silence, contemplating the stars from its intimacy as though on a journey through space, where the infinite is felt as an animal instinct«.

If we move from the person of the creator to that of the sensitive visitor, we note that we are submerging ourselves in a construction of individualist forms, organicist to the utmost, encompassing us like a membrane where the geometry of the straight line is replaced by the curve, and which does not affect us visually so much as through the senses of touch and orientation, as well as through our body's own sensations. In contrast to the continuous, elongated visual space of the upper floor, closeness, almost tactile, space predominates underground. Without doubt, the visitor feels attracted by each bubble's design, the vegetation that looks for light through the upper opening, the scattering of objects, either designed or found, their defining colours which contribute to emphasising the meditative character of the spaces, and of course, leave the fantasy to roam freely through this cavernous labyrinth and its dream-producing nooks from time to time. But perhaps, to come to the point, all this loses immediacy when we are overcome by the sensation that we are travelling through an interior construction linked in its being to inorganic nature, abounding in sensual and even erotic symbols that at least evoke primitive states of our life prior to birth in us, of our intrauterine stratagems.

Spontaneously and intuitively, Manrique has accomplished certain unfulfilled fantasies that perturbed the visionary, expressionist architects grouped around the *Frühlicht* magazine. It is not only a question of bringing to light the primitive knowledge, as Bruno Taut endeavoured to, that the earth is »a fine dwelling« but rather, I am sure, that this volcanic architecture would have fascinated Hermann Finsterlin, and even Kurt Schwitters, the Dadaist, who in his *Merzbau* resorted to any and all materials in order to increase the fantasy. It can not be doubted that this interior architecture of Manrique's would have satisfied these and other aspirations, as here we feel we are inhabiting an organism, in symbiosis, giving and taking in mother nature's entrails.

On the point of ending the interior visit, we leave the yellow bubble, ascending a no less cavernous stairway to an intermediate level where we come across the artist's studio, nowadays dedicated to exhibiting his paintings, and serving as a conference hall. Originally occupying only the first longitudinal section, the rest being due to alterations carried out in 1992. Here, the cyclopean wall that is behind us on leaving the yellow bubble is worthy of our attention, as is the fascinating window through which we can see the mountain of Maneje and the torrent of petrified lava bursts, leaving the indelible reality of menacing natural history in this new section. The beauty of both motifs is increased by the careful selection of Manrique's paintings, in some of which the materials, tex-

ture and colours betray the stamp of nature, that volcanic baroque where tactile space acts to counter the visual.

Finally, we pass through the door on the right-hand side of the studio and once again ascend to the normal upper level of the house, where a colourful garden greets us. Here, there is a pond whose waters reflect the plants and the long horizontal mural covering the wall on the left, demonstrating Manrique's admiration for artists playing with a rediscovered childhood such as Paul Klee and Joan Miró. We now leave the house through a gate of traditional inspiration, to rejoin the pathway outside that we had abandoned on entering the museum.

I would here like to direct the attention, albeit briefly, to two aspects that stand out in this ensemble. In the first place, all the outside walls are plastered but not smoothed with the trowel. This leaves the surfaces rough, very attractive and fashioned by hand. Given that they – and the roofs – are painted with whitewash, as are the island's other buildings, their mass emerges immaculate, broken only by the texture, giving many shades of light. Giant tropical plants, lovingly cared for by Manrique, sometimes as tall as the house, project their silhouettes and shadows on these walls. But equally enveloping are the gardens that surround it on all four sides in fascinating contrasts of the inorganic, the blackness of the lava, the »picón« and the »socos« with the tropical vegetation, and other plants euphoric in their colour and life.

In 1988, Manrique decided to convert his housestudio into a museum open to the public, setting up a Foundation that he bequeathed as his personal legacy to the people of Lanzarote. After its extension and alteration, he had the satisfaction of augurating it on 27 March 1992, some months before an unfortunate accident took his life. The administrators of his estate are presently dedicated to continuing the promotion of the arts and the integration of architecture into nature and the environment, as well as conserving the island's natural and cultural values, not ignoring the present, and with an eye to the future.

Das Haus des Künstlers César Manrique in Taro de Tahíche

»Granate und Flamme – öffnen die Münder – machen zu Granate und Flamme die ganze Insel. Und es werden zu ihren Lippen alle die Strände – Silber, Aluminium, Wachs – von Lanzarote.« Agustín Espinosa

Lanzarote wurde wie die sieben anderen, gleich Perlen über den Atlantik gestreuten Inseln der Kanarischen Inselgruppe vor etwa 30 Jahren wiederentdeckt von dem anonymen Müßiggänger unserer Zeit, dem Touristen, der, auf den Pfaden des Reisenden der Aufklärung wandelnd, auf seiner Packagetour oder auch auf sich gestellt nicht mehr wie dieser sein Selbst suchen mag, sondern einfach ein Stück Natur, das seinem täglichen Leben fern und entrückt ist. Entdeckt wurde Lanzarote jedoch bereits am Ende des Mittelalters durch jene kühnen Seefahrer, die den Mut hatten, mit ungewissem Ziel die unbekannten und stürmischen Meere zu durchkreuzen.

Im Jahr 1312 landete der Genuese Lanciloto Malocello wahrscheinlich aus Zufall auf Lanzarote, denn sie ist die erste Kanarische Insel, auf die wir stoßen, wenn wir von Europa aus in Richtung Süden fahren. Nach ihm wurde, wie ein katalanischer Atlas von 1339 ausweist, die Insel benannt: Insula de Lanzarotus Malocelus. Einige Jahre später, im Jahr 1377, landete der erste Spanier auf der Insel, Martín Ruíz de Avendaño von Biskaya, der wegen seiner Liebschaft mit der einheimischen Königin Faina sogleich von Legenden umwoben wurde. Doch die Eroberung der Insel erfolgte erst 1402 durch die Truppen des normannischen Ritters Juan de Béthencourt, der im Dienst der Krone von Kastilien stand. Das Ergebnis war, daß Lanzarote bis zum heutigen Tag zum spanischen Königreich gehört und als Mitglied der Comunidad Autónoma Canaria Teil des spanischen Territoriums ist.

Doch bei dieser Gelegenheit wollen wir unsere Aufmerksamkeit weder auf die geographische oder die touristische Entdeckung richten, sondern auf die Landschaft und den heutigen Zustand dieser einzigartigen Insel, die von zerstörerischen Kräften geformt wurde, wie sie der Pfarrer von Yaiza, don Andrés Lorenzo Curbelo, in dramatischen Worten schilderte. Er beschreibt als Augenzeuge die Vulkanausbrüche, die die Insel zwischen 1730 und 1736 erschütterten und, genauso wie jene von 1824, ihre fruchtbaren Täler und bescheidenen Dörfer unter Wasser setzten und ihre trostlosen Bewohner in einer verwüsteten Landschaft zurückließen. Doch als das Rumoren im Inneren der Erde verstummte und die Krater aufhörten, ihre glühende Lava auszuspeien, schien es, als ob dieselben, nunmehr gezähmten Zerstörungskräfte den künstlerischen Instinkt enthüllt hätten, den der romantische Dichter Novalis der Natur zuschrieb.

Wie auch immer, Tatsache ist, daß sich seitdem mehr als dreihundert Krater wie Augen in der Landschaft der Insel abzeichnen, von denen viele an klaren und leuchtenden Tagen von den Peñas del Chache und anderen Anhöhen aus sichtbar sind, während sich das Drittel ihrer Oberfläche, das seinerzeit von Lava überschwemmt wurde, in einen dichten vulkanischen Wald verwandelte, den Nationalpark von Timanfaya.

Diese vulkanischen Landschaften sind wie die Wüste für die Geologen und andere Wissenschaftler immer noch ein ungelöstes Rätsel und erst recht natür-

lich für jeden anderen, der sie durchstreift, denn sie bilden ein riesiges Museum natürlicher Sehenswürdigkeiten, die nicht nur voller Schönheit sind, sondern auch fremd und überraschend, Eigenschaften, mit denen sie unter dem Schleier der Furcht und des Gefühls der Verlorenheit die Schwelle des Erhabenen überschreiten. Denn es ist die ästhetische Entdeckung, die den Besucher am meisten fesselt und die sich aus den vielfältigsten Eindrücken zusammensetzt, welche die Insel bereithält; es ist dieser ständige Zusammenstoß mit den beunruhigenden Denkmälern ihrer einzigartigen vulkanischen Naturgeschichte, die sich wie Meilensteine in einer Landschaft erheben, die häufig sowohl der Gegenwart als auch der menschlichen Geschichte überhaupt entrückt scheint.

Die verschiedenartigen Landschaften dieser Insel setzen die Vorstellungskraft frei und regen die Phantasie an, doch das vielleicht Überraschendste ist, daß, obwohl sie Tausenden von Besuchern so vertraut sind, in ihnen die Spuren des Einzigartigen nicht ausgelöscht worden sind. Sowohl die organischen Formen, die von den erloschenen Kratern herrühren, die von den Pigmenten ihrer eigenen Eruptionen eingefärbt oder von dem unaufhörlichen Sandregen bedeckt sind, als auch die ausgedehnten Flächen versteinerter Lava aus in sich verdrehten, gefurchten Formen, augenblicklich erstarrt, nachdem sie die Erde überrollt hatte, üben eine große Faszination auf uns aus. Nicht weniger beeindruckend sind die sanften Berghänge, die durch die zerfallenen vulkanischen Ablagerungen – bekannt als »picón« – geschützt sind, oder auch die natürlich oder durch Menschenhand versandeten Felder. An anderen Orten der Insel ist der Überzug aus Magma oder goldenem Sand mit Tupfen vom Grün der tropischen Vegetation, vom Weiß der Häuser oder von einer breiten Skala von Gelb-, Braun-, Rot-, Ocker- und Silbertönen durchsetzt, die durch das Sonnenlicht und den scharfen Kontrast der weiten, tiefblauen Kulisse des Atlantiks noch verstärkt werden. Die Schönheiten Lanzarotes sind aus der glücklichen Vereinigung der vier Elemente hervorgegangen, die die alten Griechen als die Grundlage der gesamten Schöpfung begriffen: Erde, Luft, Feuer und Wasser.

Gewiß stellte Lanzarote schon immer mit Stolz seine beunruhigenden geologischen Schönheiten, diese stummen Zeugen der Urschöpfung vor der Gegenwart des Menschen, oder die sanfteren seiner organischen Formen, die weich schwingenden Hügel und die natürliche oder von seinen Einwohnern angepflanzte Vegetation zur Schau. Seine ästhetische Neuentdeckung jedoch scheint fast unvorstellbar ohne die Hilfe von jemand, der von diesem märchenhaften Paradies so hingerissen war wie der Künstler César Manrique und der es zugleich verstand, es nicht nur zu begreifen, sondern es auch anderen zu vermitteln.

Geboren 1919 in Arrecife, der Hauptstadt der Insel, ging Manrique 1945 nach Madrid, um an der Escuela de Bellas Artes de San Fernando Malerei und am Instituto de Investigación y Experiencias Cinematográficas die siebente Kunst zu studieren. 1954 finden wir ihn unter den Gründern einer Malergruppe, zu der auch Luís Feito und Manuel Mampaso gehörten und die sich um die Galerie Fernando Fe sammelte, eine der ersten, die sich nach dem Bürgerkrieg der Ausstellung abstrakter Kunst widmeten. Seitdem war sein Weg als Maler immer von Zeichenhaftigkeit, Stofflich-

keit und einem vitalistischen Naturalismus geprägt. Dies ist sicherlich auf die Einwirkungen seiner natürlichen Umgebung, die seit seiner Kindheit unauslöschliche Spuren in seinem Geist hinterlassen hatte, zurückzuführen, und insbesondere auf den »vulkanischen Barock«, ein Begriff, mit dem der Künstler selbst 1988 die Insel beschrieb. Ich möchte mich bei dieser Gelegenheit jedoch nicht mit Manriques Verdiensten als Maler und Bildhauer beschäftigen, die weithin anerkannt sind und eine eingehendere Analyse verdient haben. Ebensowenig möchte ich mich mit der Aufzählung der zahlreichen nationalen und internationalen Auszeichnungen aufhalten, die man ihm zugesprochen hat, darunter die Goldmedaille der Schönen Künste, die ihm 1980 das spanische Kultusministerium verlieh, oder der ihm 1989 zuerkannte Fritz-Schumacher-Preis der Stadt Hamburg – oder mit den zahlreichen Einzel- und Gruppenausstellungen, die in Amerika, Japan, Spanien und Deutschland gezeigt wurden. Vielmehr möchte ich mich hier auf die Tatsache konzentrieren, daß er sich nach einem Aufenthalt in den USA von 1965 bis 1968 wieder auf Lanzarote niederließ und eine unermüdliche Tätigkeit zum Schutz der Umwelt seiner Insel und zu ihrer ästhetischen Bereicherung begann – wobei er auf die unschätzbare Unterstützung seines Freundes aus der Kindheit, José Ramírez Cerdá, der zu jener Zeit Präsident des Inselrats war, und die Mitarbeit eines Teams mit Luis Morales und Jesús Soto an der Spitze zählen konnte.

Manrique sprach wiederholt davon, daß die Tatsache, auf »dieser verbrannten Erde aus Asche inmitten des Atlantiks« geboren zu sein, jeden sensiblen Menschen prägt, und selbstverständlich prägte sie auch ihn, und zwar in einem Maße, daß er ebenso wie der Dichter Agustín Espinosa all seine Kraft dafür einsetzte, mittels der poetischen Vision eine neue Leitmythologie für Lanzarote zu schaffen. Nicht nur, daß der Maler die Insel mit neuen Ausdrucksmitteln wiederentdeckte, er widmete sich auch mit Leidenschaft dem Bau eines neuen Lanzarote, eines Lanzarote, das der Utopie des »Baus der Erde« nahekam, die er fast 25 Jahre lang durch sein architektonisches und umweltschützerisches Werk in die Wirklichkeit umsetzte, wobei er gleichzeitig ein Klima schuf, das schließlich in das kollektive Bewußtsein drang und die ästhetische Sensibilität der Allgemeinheit weckte. Wir haben es hier mit einem von schöpferischer Energie überschäumenden Künstler zu tun, der nicht nur die durch die Vulkantätigkeit hervorgebrachten Naturdenkmäler, die »Lippen« der Strände oder die eigentümliche Landwirtschaft, die eine unbewußte, jedoch einzigartige »land art« kultivierte, oder die Klarheit und Kargheit der bodenständigen Architektur zu sehen verstand, sondern darin auch voller Mut für sich selbst eine Herausforderung, die Vision einer gewaltigen Utopie zur Rettung seiner Umwelt entdeckte.

Seit er sich wieder und endgültig auf Lanzarote niedergelassen hatte, widmete er sich mit Leidenschaft der Aufgabe, der Insel in ihrer Erscheinung eine gewisse Einheitlichkeit des Stils zu geben, ohne dabei seine Arbeit als Maler, von der er eigentlich lebte, aufzugeben. Was er aus einem expressionistischen Geist heraus, der ihm sicherlich nicht bewußt war, immer verfolgte, war der »Bau der Erde«, eine sehr persönliche Version des Gesamtkunstwerks mit den am Ort vorgefundenen natürlichen und kulturellen Materialien. Ihn persönlich störten die Etiketten, die ihn als Maler,

Architekt, Designer, Bildhauer, Bauleiter oder Stadtplaner bezeichneten, denn abgesehen davon, daß er sich durch sie eingeengt fühlte, sah er die Zukunft der Kunst und selbstverständlich auch seines eigenen Wirkens immer in der totalen Schöpfung. Aus diesem Grund fühlte er den Drang, die Grenzen jedes Kunstzweigs zu überschreiten, sie in unentdeckte Richtungen zu erweitern und alle gestalterischen Facetten in eine umfassende Symbiose eingehen zu lassen, die sowohl die Kunst als auch das Leben der Menschen berührt. Wie er im März 1992 aus Anlaß der Einweihung seiner eigenen Stiftung ausführte, identifizierte er sich vollkommen mit den Ideen von Joseph Beuys, »über die Notwendigkeit, die zweideutigen Grenzen der Kunst um die Vorstellung von der Bedeutung des Lebens zu erweitern; doch vorher ist es notwendig, die alarmierende Zerstörung unseres Planeten aufzuhalten. Wir als Künstler haben die moralische Verpflichtung zur Verteidigung unserer Umwelt.«

Unter diesen Gesichtspunkten nahm er die Landschaft, die Flora und die Landwirtschaft, die Architektur und die Ansiedlungen zum Ausgangspunkt für eine Aktivität, die mit der Veröffentlichung *Lanzarote, arquitectura inédita* (Lanzarote, eine unbekannte Architektur, 1974) eines ihrer ersten Ergebnisse zeitigte. In diesem Werk, das in Zusammenarbeit mit dem Kritiker Juan Ramírez de Lucas verwirklicht wurde, werden die Geologie und die schwarze Landschaft der Insel erkundet, doch darüber hinaus noch mehr, wie es in einem Aufruf des Romantikers Victor Hugo heißt, der dem Text als Leitmotiv vorangestellt ist, jene Architektur »ohne bekannte Baumeister, ohne Namen, ohne Unterschrift, die ihr Geheimnis nicht preisgibt«. Seine Vorliebe gilt einer Architektur ohne Architekten oder von unbekannten Architekten, die man nicht in den Städten – die damals, wenn man einmal von der kleinen Hauptstadt absieht, auf der Insel ohnehin kein Thema waren –, sondern auf dem Lande findet. In diesem Sinne ist es kein Zufall, daß das Werk nach einer kurzen Beschreibung der Insel die Geometrie seiner Landwirtschaft umreißt und damit die ersten Spuren davon aufzeigt, wie der Mensch baulich auf die Natur einwirkt.

Wir beziehen uns in erster Linie auf die »socos«, fast steinzeitlich anmutende Bauten der Bauern mit halbrunden Mauern aus Vulkangestein, die ringförmig angeordnet und ohne Verwendung von Mörtel gefügt sind. Sie bilden eine Art Gitter, das die Einwirkung der Winde abschwächt und so dem Schutz der dicht belaubten Weinstöcke dient, aus deren Trauben der Malvasia-Wein gemacht wird, dessen Ruf dank der Naturalisten des 18. Jahrhunderts bis an die Ohren des weltabgeschiedenen Immanuel Kant gedrungen war. Typisch für Lanzarote, gehören die »socos« nicht nur zum charakteristischen Bild von La Geria und anderen Orten der Insel, sondern auch zu den aufschlußreichsten »gefundenen« Beispielen einer »land art«, die vor jeder künstlerischen Mode entstand, und von Architekten für einige Architekturprojekte als Anregung aufgegriffen wurde, wie zum Beispiel für ein (heute im New Yorker Museum of Modern Art befindliches) Projekt, das 1963 für den Süden von Lanzarote von Fernando Higueras vorgestellt wurde, einem Freund und Mitarbeiter von Manrique, dessen Wirken auch im Hotel Las Salinas ersichtlich ist, das von beiden entworfen wurde.

Die bewohnbare Weiterentwicklung der »socos« sind die »taros«, einfache Hütten, auf ebenso primitive Weise in einem rudimentären Verfahren gebaut und der Überwachung der nahen Weinberge und Feigenbaumplantagen sowie dem Schutz vor den Unbilden der Witterung dienend. Einer der bekanntesten »taros« befindet sich ganz in der Nähe des Hauses von Manrique in der Gegend von Tahíche.

Diese und andere Nutzbauten der bäuerlichen Architektur ziehen uns in ihren Bann, weil sie eine ausgeglichene und harmonische Verbindung zwischen der Natur und der Kultur in ihren frühen Ausprägungen vermitteln und den Notwendigkeiten der Landwirtschaft auf fast archaische Weise Form verleihen. Dasselbe Gleichgewicht und dieselbe Klarheit prägen auch die höher entwickelten Formen der Gestaltung des menschlichen Lebensraums. Die Architektur der traditionellen Häuser von Güime, Guatiza, Haría, La Geria, Los Valles, Montaña Blanca, Tao, Tahíche, Tías, Tinajo, San Bartolomé, Uga, Yaiza und anderer über die Insellandschaft verstreuter, weiß aufleuchtender, jedoch niemals aufdringlicher Punkte fügt sich mit ihren kubischen oder runden Formen immer organisch und funktional in ihren Kontext. Sie paßt sich in entspannter Harmonie, der die Starrheit der städtischen Strukturen fremd ist, an die örtlichen Gegebenheiten und an das Gelände an und benutzt die Streuung und die Topologie als Kriterien der Raumordnung.

Landschaften, aufgetürmt aus geologischen Schichtungen oder bedeckt mit erloschener Lava, ständig herumwirbelndem Sand und Wanderdünen, Flüsse aus schwarz glänzender Lava, die sandigen »Lippen« der zahlreichen Strände, umschmeichelt von den Wellen des Meeres, eine Pflanzenwelt wilden tropischen Charakters oder geschaffen durch die Hand des Menschen, die Architektur der Bauernhöfe oder der bodenständigen Wohnhäuser, manchmal auch gehobene Architektur wie religiöse Bauten oder die Herrenhäuser von Teguise, das sind einige der Motive, auf denen der Künstler seinen prüfenden Blick ruhen ließ. Doch Manrique überschritt bei der ästhetischen Entdeckung der Insel die Grenzen der bloßen Betrachtung, um sich auf einen Schöpfungsprozeß einzulassen, der den Weg seiner eigenen gelebten Utopie prägen sollte. Das ästhetische Experiment wurde zum Leitfaden der zukünftigen Eingriffe, die in wenig mehr als 20 Jahren das frühere Aschenputtel der Kanarischen Inseln in einen weltweiten Archetyp der Verbindung zwischen Natur und Kultur über den Weg der Kunst, der Architektur und des Erhalts der Umwelt verwandelte. Und als solcher ist die Insel bei zahlreichen Gelegenheiten auch anerkannt worden, insbesondere als sie 1986 den »Europa-Nostra-Preis« erhielt und 1993 zum Weltreservat der Biosphäre erklärt wurde. Doch diese Leistungen wären nicht möglich gewesen ohne die begeisterte, allen Widerständen trotzende Aktivität von Manrique, dem zumindest im metaphorischen Sinn universellen Erbauer des erwähnten unbekannten Lanzarote.

»Das Studium und die Beobachtung der Landschaft«, schrieb Manrique in *Lanzarote, arquitectura inédita*, »seiner Flora, seiner Landwirtschaft und seiner Architektur waren das grundlegende Fundament der Heranbildung der ersten sich bildenden Arbeitsteams.« In einer Monographie, die Jahre später, nämlich 1982, in Stuttgart erschien, faßte er den Geist, der ihn zu seinen Projekten bewegte, mit folgenden Worten zusammen: »Neben der aufkommenden Begeisterung für die Orte, wo die Natur etwas geschaffen hatte, das in keiner Weise mit den katalogisierten Schönheiten vergleichbar war ..., begannen wir, ihr den authentischen Charakter ihrer eigenen vulkanischen Landschaft zu geben, ihre eigentümliche und einzigartige Landwirtschaft hervorzuheben, dem Vorbild einer klaren und eleganten Volksarchitektur zu folgen.«

In diesem kurzen Programm kam eine neue Haltung gegenüber den Schönheiten der Insel zum Ausdruck, oder, wie es der Künstler selbst gern ausdrückte, ein neues Konzept von »Kunst-Natur« oder »Natur-Kunst«. Doch diese Gleichwertigkeit, die von Manrique wiederholt zur Erklärung seiner Arbeiten angeführt wurde, beschränkte sich nicht auf die Inanspruchnahme der Kunst als Mittel, der Zerstörung der Natur Einhalt zu gebieten, sondern erweiterte sich auf die Nutzung der Potentiale der Natur für den Bereich der Kunst selbst, denn in ihr befindet sich der verborgene Grund der künstlerischen Schöpfung. In Erinnerung an seine Rückkehr aus der aggressiven, konfliktreichen und übervölkerten Welt New Yorks nach Lanzarote erklärte er in diesem Sinne in der Rede, die er 1992 aus Anlaß der Einweihung seiner Stiftung hielt: »Ich wußte zu jener Zeit, daß sich in der Natur das Geheimnis des Sinns des Lebens und der Wahrheit befindet, und aus diesem Grund kam ich auf diese vulkanische Insel.«

Seitdem waren alle seine Aktivitäten auf die Rettung dieser Orte von unvergleichlicher Schönheit ausgerichtet, sei es durch die Schaffung von Besichtigungsrouten, vor allem der vulkanischen durch den Nationalpark Timanfaya, den Bau von Aussichtspunkten, die sich zur Landschaft hin öffnen wie der von Haría und El Río, und von Restaurants wie das von El Diablo in den Montañas del Fuego, sei es durch die Restaurierung von verlassenen Ruinen wie die Burg von San José, durch das Nacheifern der klaren und einfachen Inselarchitektur mit der Casa Museo del Campesino oder durch die Überwachung von Arbeiten anderer in seiner Funktion als »Delegado Oficial de Bellas Artes« und künstlerischer Direktor der Firma Río Tinto. Ich meine, unter seinen eigenen Unternehmungen sind die herausragendsten die Jameos del Agua, der Mirador del Río, der Kakteengarten und das Haus in Taro de Tahíche, das nunmehr die Stiftung César Manrique beherbergt.

Wie bekannt ist, betrachteten die deutschen Romantiker, die von den Berliner expressionistischen Architekten hochgeschätzt wurden, die Architektur als eine Fortführung der Natur in ihrer konstruktiven Tätigkeit, wobei seit dem *Heinrich von Ofterdingen* von Novalis und gewissen Bildern von Caspar David Friedrich und Carl Gustav Carus die Höhle und das unterirdische Labyrinth als Gegenstücke zur primitiven Hütte der Denker der Aufklärung zu Inbegriffen mythischer Sinnbilder der Architektur wurden. Wir wissen nicht, ob Manrique diese oder ähnliche Bezüge kannte, doch er befand sich ganz offensichtlich nicht nur im Einklang mit diesen primitiven Erscheinungen des Architektonischen, sondern präsentierte uns ausgehend von ihnen 1968 sein erstes großes Projekt, in dem er die Bautätigkeit der Natur fortsetzte und ihr den ihr eigenen vulkanischen Charakter beließ.

In der Tat handelt es sich bei den Jameos del Agua um geborstene vulkanische Grotten, die sich in eine Kette von unterirdischen Höhlen, Blasen und

Röhren einfügen und durch die Ausbrüche des im Norden der Insel liegenden Vulkans Corona entstanden, fast könnte man sagen »gebaut« worden sind. Nach dem Abstieg zum Jameo Chico, auf dessen Boden ein Restaurant eingerichtet worden ist, geht es eine von tropischer Vegetation umgebene, rustikale Holztreppe hinunter zu einer 62 Meter langen und 19 Meter breiten vulkanischen Röhre, wo durch eine natürliche Öffnung die hereindringenden Sonnenstrahlen auf einen unter dem Meeresspiegel liegenden See projiziert werden und wie flimmernde blaue, türkisfarbene und metallischgrüne Pfeile in sein Salzwasser schießen. Der Raum dieser großen Höhle beeindruckt durch die Feierlichkeit seines Gewölbes, das zufällig durch die Explosion der angesammelten Gase herausgesprengt worden ist, und die kavernöse Struktur, bei der man geradezu von einem vulkanischen Barock sprechen kann. Der Künstler hat seinen Eingriff auf ein Minimum beschränkt, um die Natur selbst in ihrer Topographie, ihren Einschnitten, Materialien und ihrer Vegetation zur größtmöglichen Wirkung kommen zu lassen, doch dank seiner funktionalen und künstlerischen Vorstellungskraft war es ihm möglich, eine Bar und eine Bühne sowie in einer anderen, unbedeckten Lavablase ein exotisches Wasserbecken oder die gewundene Treppe einzubauen, über die man Zugang zum 100 Meter langen und 30 Meter breiten Jameo Grande hat. Unter seinem hohen schmucklosen Gewölbe ist ein Konzertsaal untergebracht, der für die Gebrüder Taut und auch für Hans Poelzig ein Hochgenuß gewesen wäre. Denn in dieser vorgefundenen labyrinthischen Grotte bewirkt die Symbiose zwischen der mythischen Höhle und den Effekten des Feuers und des Wassers als der universellen Symbole des Lebens eine Architektur von einem außergewöhnlichen Phantasiereichtum.

Der spektakuläre Mirador del Río, in 479 Meter Höhe gelegen und einen weiten Blick über das Meer bietend, war früher einmal eine Artilleriestellung, die Batería del Río. Der Reiz dieses Bauwerks beruht auf einer gewissen surrealistischen Verfremdung, denn sowohl die weite leere Esplanade als auch der eindrucksvolle Hintergrund, der durch eine halbrunde Mauer aufgeschichteter Steine gebildet wird, rufen einen Effekt der Ausschließung hervor, der nur durch die rustikale Eingangstür abgemildert wird, über der gleich einem Sinnbild des versprochenen Ausblicks eine runde Öffnung in die Wand eingelassen ist. Doch hat der Besucher einmal diese Schwelle hinter sich gelassen und den Innenraum betreten, tun sich ihm weitere visuelle Überraschungen auf, kann er doch von dort und von der vorgelagerten »Promenade« einen überwältigenden Ausblick auf die Inselchen Montaña Clara und Alegranza, die Insel Graciosa und den fernen blauen Horizont genießen. Mit Ausnahme der verglasten Panoramafenster verschmilzt der ganze Bau in seinen Formen, Farben und Strukturen mit der vulkanischen Umgebung, so daß er sich fast nahtlos in diese einfügt.

Grub Manrique für den Bau dieses Aussichtspunktes die verlassenen Stellungen der Artillerie aus, um so auf dem Berg ein neues architektonisches Gebilde zu schaffen, so nutzte er für den Kakteengarten ein riesenhaftes Erdloch, das 1850 von den Bauern ausgehoben worden war, um den »picón« herauszuholen und damit die Felder zu bedecken, und verwandelte es in ein großartiges Amphitheater nach Art der Rö-

mer, doch hier wird die Vorstellung nicht von Menschen gegeben, sondern von fast 1500 Kakteenarten aus Amerika, Madagaskar und von den Kanarischen Inseln selbst, die zu einem Pflanzenmeer aus einzigartigen exotischen Formen und Farben zusammengestellt wurden. Die Formen der riesenhaften Metallskulptur, die Manrique außen aufstellte, weisen bereits darauf hin, daß der Garten eine Huldigung an diese Pflanzenart ist, die die Felder des Gebietes zwischen den nahen Orten Mala und Guatiza in so großer Zahl bedeckt. Der gewundene Zugang, der Motive der Volksarchitektur mit gehobeneren Kompositionsmethoden und Stilformen verbindet und einige manieristisch anmutende Überraschungseffekte bietet, dient als Filter für die faszinierende Szenerie, die im Inneren auf uns wartet. Wie bereits bei der großen Mauer des Mirador del Río sind auch hier die gestaffelten Paramente stufenförmig angeordnet und erinnern damit an die bereits erwähnten »socos« und »taros«, jedoch auch an Topographisches und an eine Architektur im Wachstum, wie wir sie im Park Güell von Antoni Gaudí finden, dem Architekten, mit dem sich Manrique selbst am meisten identifizierte.

Ich glaube, im Kakteengarten erreicht das Gesamtkunstwerk, wie es der Künstler verstand, seinen Höhepunkt: Hier finden wir eine enge Verbindung zwischen Kunst und Natur, die ständig die Rollen tauschen, ausgehend von einer Konzeption der Architektur, die sich als organisches Wachsen versteht, die Natur in ihrer Bautätigkeit fortsetzt und alles verändert, was sie berührt. Vielleicht finden sich deshalb in diesem Garten Elemente so unterschiedlichen Charakters im trauten Nebeneinander: die restaurierte Windmühle von Guatiza; ein Andenkenladen, der aus der Struktur des »taro« entwickelt ist; die Skulptur am Eingang mit dem Gitterwerk, den Lampen und anderen Designerobjekten, die Motive der sie umgebenden Pflanzenwelt aufgreifen; das Kabinett wachsender botanischer und ästhetischer Kuriositäten, die das Erdloch verführerisch umschmeicheln; schließlich die riesenhaften Basaltmonolithe von anthropomorphischer, surrealistischer Gestalt, die in Anbetracht der Härte des Gesteins aufs Geratewohl von den Bauern mit der Spitzhacke herausgemeißelt wurden und sich wie Skulpturen ohne Bildhauer erheben, jedoch aussehen, als wären sie mit der organischen Vision eines Henry Moore geschaffen worden.

Bei diesen und anderen Projekten, die Manrique allein oder in Zusammenarbeit mit professionellen Architekten realisierte, wie etwa das Hotel Las Salinas oder das Pueblo Marinero, das eines der ersten Anlagen für den Massentourismus darstellte, konstatieren wir mit Befriedigung und Anerkennung, daß jenes »Wunder der Utopie«, in das der Künstler so viel Vertrauen setzte, zumindest teilweise verwirklicht wurde, insbesondere wenn wir Vergleiche mit der Entwicklung auf den Nachbarinseln anstellen. Unter anderem finden wir hier jene Einheitlichkeit des Stils, den Manrique für die Insel als Ganzes anstrebte und dessen erstes Repertoire an Modellen, das den Bau von Unterkünften für den Massentourismus inspirierte und als Vorbild für zukünftige Schöpfungen dienen wird, in *Lanzarote, arquitectura inédita* zu finden ist.

Wenn ich bisher versucht habe, die ästhetischen Erlebnisse darzustellen, die der Besuch und die Besichtigung der Insel vermitteln, nachdem man zuvor der

Einladung zur Entdeckung des Werkes und Lebens von Manrique gefolgt ist, so geschah dies nicht aus einer bloßen Laune heraus. Mir erscheint es im Gegenteil ein unverzichtbarer Einstieg, um die Schwelle des Atelierhauses zu überschreiten, das er sich selbst in Taro de Tahíche baute, einem Ort, der unter diesem Namen bekannt ist, weil sich dort eines der charakteristischsten Beispiele dieser primitiven Bauweise befindet, das, damals in halb verlassenem Zustand, in *Lanzarote, arquitectura inédita* abgebildet war.

Wie er bei mehr als einer Gelegenheit gestand, gelang es Manrique während seines langen Aufenthalts in New York niemals, in sich das Gefühl des Heimwehs zu unterdrücken, das die Erinnerung an seine Insel wachhielt. Bewegt davon, war er unmittelbar nach seiner Rückkehr 1968 darauf versessen, ein Haus zu bauen, das mehr einer Kindheitsphantasie entsprach als der nüchternen Wirklichkeit. »Vom ersten Augenblick an, als ich wieder den Boden Lanzarotes betrat«, kommentierte er 1988, »spürte ich in mir eine Besessenheit, meine außergewöhnlichen Kindheitsabenteuer in der Lava wiederzubeleben; nunmehr mit einer vergleichsweise großen Erfahrung, fühlte ich einen starken Antrieb, das Erlebnis des Eindringens in diese Magie der vulkanischen Spalten wiederzufinden und, wenn möglich, zu wiederholen, und damit zugleich wieder des hiermit verbundenen ästhetischen Gefühls teilhaftig zu werden.«

Nachdem Manrique die gesamte Insel nach einem geeigneten Bauplatz abgesucht hatte, fiel seine Wahl schließlich auf einen »deiner Flüsse aus schwarzem Lackleder in Trauer, und bereits erloschen, ohne Rauch, mit dickflüssiger, schwerfälliger und nun zur Ruhe gekommener Strömung«, wie er 1974 die Lavaströme beschrieb. Konkret war der ausgewählte Ort der Lavastrom, der durch die Vulkanausbrüche von 1730 erzeugt worden war und sich in der Nähe der früheren Hauptstadt von Lanzarote, Teguise, befindet. Zur Überraschung aller hatte sich Manrique vorgenommen, in dieser unwirtlichen Gegend sein eigenes Haus zu errichten und sich niederzulassen, umgeben und fast überschwemmt von der jäh erstarrten Lava. Doch gerade diese erdhafte Umgebung war es, die es ihm erlaubte, starke und beeindruckende Kontraste zwischen dem Schwarz des Vulkangesteins und dem Weiß der Baukörper, der Dunkelheit und dem Licht, dem Taktilen und dem Visuellen, den Werten des Nahen und des Fernen zu schaffen.

Von außen und noch dazu aus einer gewissen Entfernung betrachtet, kann das Haus von Manrique leicht mit einem der schönen kubischen Bauten, die über die Ebenen und die Hügel der Insel verstreut sind, verwechselt werden: etwa wenn wir uns neben den Haupteingang stellen und beobachten, wie sich seine malerische Silhouette vor dem Hintergrund der beiden charakteristischen Vulkankrater der Berge Maneje und Tahíche abzeichnet, oder wenn wir uns auf die gegenüberliegende Seite begeben und sein leuchtendes Weiß vor dem Blau des Ozeans, der sich in nicht allzu großer Entfernung unter ihm ausbreitet, hervortritt. Haben wir jedoch erst einmal seine Schwelle überschritten, hält das Haus derartig viele Überraschungen bereit, daß es ein einmaliges, um nicht zu sagen einzigartiges Beispiel der modernen Architektur wird, dessen Qualität sich ohne weiteres mit den großartigsten Bauten aus der Vergangenheit der Insel messen kann.

Es wurde einmal gesagt, Manrique habe in seinem Haus eine richtiggehende Werkstatt eingerichtet. Doch das ist nicht nur in dem Sinne zu verstehen, daß er hier bis 1987 seinen Arbeitsplatz, sein Atelier hatte, sondern auch dahingehend, daß er es zu einem Sinnbild seines Werkes gestaltete, indem er in den Bau seine vielfachen Erfahrungen als Künstler und Mensch eingehen ließ. So gelang ihm eine perfekte Symbiose zwischen dem Vulkangestein, das er zu einem stattlichen Wohnhaus formte, und der üppigen tropischen Vegetation sowie zwischen dem Haus und dem Repertoire an Elementen, die der bodenständigen Architektur entlehnt sind. Bereits bei der Restaurierung und Erweiterung des Bauernmuseums, das im Zentrum der Insel zwischen San Bartolomé und Mozaga liegt, hatte Manrique den bodenständigen Stil erkundet und zur Richtschnur seines eigenen Schaffens gemacht. Doch als ein Feind sowohl des kurzsichtigen »pastiche« des Regionalismus als auch eines Internationalen Stils, der anderen Tönen gegenüber taub ist, verwischte er nicht die Gegensätze, sondern dämpfte sie an einzelnen Stellen durch gewisse moderne Filter.

Die Arbeiten an dem Haus wurden 1968 begonnen, und wenn auch 1992 seine Erweiterung und sein Umbau zum Sitz der Stiftung beendet waren, muß es als »work in progress« betrachtet werden, auch über den Tod seines Schöpfers hinaus. Doch dieser unvollendete und offene Charakter steht nicht im Widerspruch zu dem ursprünglichen Geist, aus dem es hervorgegangen ist, sondern läßt die spontane und instinktive Haltung durchscheinen, die das Haus prägt. Das ist der Grund, warum das Haus, nachdem einmal sein Kernstück fertig war, im Laufe der Zeit immer wieder erweitert wurde und wuchs, als würde es sich um ein natürliches Wesen handeln, ohne eine vorher konzipierte Idee, ohne einen architektonischen Plan in der technischen Bedeutung des Wortes. Wie bekannt ist, hatte Manrique die Angewohnheit, seine Entwürfe auf jede beliebige Unterlage zu zeichnen, die er gerade zur Hand hatte, sei es auf ein einfaches Blatt, eine Papierserviette, oder indem er mit Kreide Linien auf den Boden zog, doch vor allem entwickelte er im Entstehungsprozeß seine Vorstellungen direkt vor Ort. In dieser Weise baute er auch sein Haus, und zwar mit der Hilfe des Baumeisters Miguel aus San Bartolomé und einem Team von Handwerkern aus der Umgebung.

Wenn wir heute die Pläne betrachten, die im nachhinein gezeichnet wurden, bemerken wir im Untergeschoß eindeutig ein organisch sich ausbreitendes Wesen in Form einer Krake, deren Gestalt den von der Laune der Natur geschaffenen vulkanischen Blasen folgte. Im Obergeschoß dagegen herrschen die geraden Linien des Rechtecks vor, ohne daß jedoch vollständig auf organische Formen verzichtet worden wäre. Doch die Gruppierung seiner ungleichen geometrischen Einheiten wird bestimmt durch die örtlichen Gegebenheiten und die Asymmetrie um eine diagonale Achse herum. Wenn wir gar genügend Vorstellungskraft besitzen, uns die einzelnen Bereiche mit ihren geländebedingten Höhenunterschieden, ihren zufällig anmutenden Wegeführungen, die Terrassen und Aussichtspunkte oder die Höhe der Baukörper vor Augen zu halten, verstärkt sich der Eindruck, daß wir uns vor einer Ansammlung von Fragmenten befinden, die uns trotz alledem bezaubern durch die Art, wie sich diese in das Gelände einpassen, durch

die kluge Nutzung des natürliches Umfelds und die Fähigkeit, wie ein lebender Organismus zu wachsen, auf die Notwendigkeiten des Moments zu reagieren und sich ihrer Umgebung anzupassen. Manrique blieb gewissen Gebräuchen der Inselarchitektur treu und stimmte in diesem Sinne mit modernen Strömungen überein, denen wir in den sechziger Jahren begegneten, insbesondere mit jener Interpretation der »organischen« Architektur, die, von Frank Lloyd Wright ausgehend, über Bruno Zevi und andere den Weg zu uns nahm und es erlaubte, in vielfältiger Weise das Bodenständige mit der Moderne zu versöhnen. Daher drückte das Haus von Manrique, ähnlich den professionelleren Arbeiten seines Freundes und Mitstreiters Fernando Higueras, der organischen Strömung einen in ihrem Ergebnis ganz eigenständigen und unverwechselbaren Stempel auf.

Da wir jetzt mit dem allgemeinen Konzept der beiden Stockwerke des Hauses vertraut sind, ist es an der Zeit, sich Gedanken über einen Rundgang zu machen, für den es nach meiner Ansicht zwei Möglichkeiten gibt. Wenn wir daran interessiert sind, den Entstehungsprozeß des Hauses zu verstehen, nachzuvollziehen, wie es in Angriff genommen wurde und im Laufe der Jahre wuchs, ist es ratsam, uns in den Zentralraum, sein anfängliches Kernstück, zu begeben. Doch auf diese für einen Architekten oder Spezialisten zweifellos am besten geeignete und von diesen bevorzugte Möglichkeit wird vermutlich kein Besucher verfallen, der sich von anderen Sehenswürdigkeiten angezogen fühlt, fast noch bevor er die Schwelle überschritten hat. Daher werde ich den letzteren Weg verfolgen, mich allerdings dabei im ursprünglichen Kernstück etwas länger aufhalten, denn nach den ersten Eindrücken hält es für uns Schönheiten bereit, die auf den ersten Blick leicht übersehen werden.

Am Haupteingang nimmt uns das Haus zwischen zwei konvex verlaufenden Mauern aus Natursteinen auf. Diese enden in zwei Pfeilern, die durch Pyramiden abgeschlossen sind, wie man sie ähnlich auf anderen Anwesen der Insel findet. Im Gitterwerk des Tores erkennen wir jedoch bereits die Hand Manriques, denn wie wir auch an anderen Objekten, so etwa an den Lampen in Form von sich gegenüberstehenden Kegelstümpfen oder von in Abschnitte unterteilten Kegeln und den Papierkörben entdecken werden, bewegen sich alle seine Arbeiten dieser Art auf halbem Wege zwischen dem Handwerklichen und dem Künstlerischen, dem Bildhauerischen. Den Bildhauer Manrique finden wir bereits auf dem Parkplatz außerhalb des Hauses mit der Skulptur Sin título (Ohne Titel, 1992/93), deren weiße Rhomben und Pyramiden vom Wind bewegt werden. Auf dem Weg, der uns zum Eingang des Museums führt, findet sich linker Hand der Triunfador (Triumphator, 1989), ein stilisiertes figuratives und organisches Werk. Dieses steht im Kontrast zu einem weiteren, komplizierteren Mobile, Sin título (um 1980), das auf der rechten Seite steht und bei dem Manrique mit halbkugelförmigen und runden Formen unterschiedlicher Größe und schrillen, an Pop-art erinnernden Farben spielte. Hier verließ er sich auf ein anderes Naturelement, das in Lanzarote fast ständig anzutreffen ist, nämlich die Passatwinde. Nicht umsonst sind beide Mobiles Teil der Juguetes del viento (Windspiele), einer Serie beweglicher Objekte.

Gleich nach dem Betreten des Anwesens finden wir auf der rechten Seite eine Vulkanlandschaft, die in der Art, wie wir in La Geria gesehen haben, von erstarrter Lava und »picón«, von tropischer Vegetation und »socos« gebildet wird. Auf der linken Seite folgen eine Reihe von kubischen weißen Gebäuden mit flachen Decken und kleinen pyramidenförmigen Oberlichtern, einem typischen Kamin in byzantinischer Manier und einem einfachen Glockenturm, inspiriert von Kapellen wie der von Teguise. Die Krönung des Eingangstors bilden drei Säulen, abgeschlossen von Pyramiden und eine fast originalgetreue Nachbildung jener, die wir noch in Yaiza und Tías finden können. Die Schreinerarbeiten, die die Öffnungen umrahmen, sind von dem intensiven Grün, das auf Lanzarote üblich ist. Es fällt auf, daß an diesen Gebäuden, die seinerzeit für die Unterbringung des Personals und der Gerätschaften zur Wartung des Hauses bestimmt waren, die Elemente der Volksarchitektur sehr freizügig neu interpretiert worden sind. Nach Manriques Tod sind sie später erweitert und in Büros für die Verwaltung der neuen Stiftung umgewandelt worden.

Setzen wir unseren Rundgang fort, finden wir links einen Säuleneingang, durch den wir, nicht ohne mit weiteren visuellen Überraschungen konfrontiert zu werden, in einen Saal gelangen, der einstweilig für Wechselausstellungen benutzt wird. Wir sprechen hier von dem »Taro«, der 1994 an einer Stelle im Garten gebaut wurde, die Manrique offen gelassen hatte. Obwohl dieser Bau als »Taro« bezeichnet wird, scheint er eher einer weiterentwickelten Form, der »runden Wölbung deiner Backöfen« (Manrique, 1974), zu entsprechen, wie wir sie in Teguise und Guatiza finden, obwohl er sich von diesen durch sein bauchigeres Dach unterscheidet, das die elliptische Anlage abdeckt, und an der Basis der Ellipse und im Laternenbogen, der ihn krönt, von einem Band aus bearbeitetem Stein umsäumt wird. Besonders am Tor zum Innenhof, aber auch am Eingang des Raums und an anderen Steinmetzarbeiten im Inneren scheint in der verfeinerten Form der Bearbeitung der Türpfosten und Türstürze der Einfluß gewisser Elemente religiöser und herschaftlicher Architektur durch. Der Innenraum ist außergewöhnlich schön und stimmungsvoll durch das sanfte Licht, das das zentrale Oberlicht auf die hellen Wände wirft, und alles in ihm lädt zur Betrachtung der Werke ein. Schließlich ist auch das Äußere überreich an raffinierten und exquisiten Details. Dieser Bau ist ein außerordentliches Objekt, bricht jedoch durch seine barocke Gestaltung, die wir bereits bei den Eingängen zum Mirador del Río und zum Kakteengarten bemerkten, mit den bodenständigen Mustern und der Einfachheit des ursprünglichen Kerns.

Der Eingang zum Haus selbst, das heute ein Museum darstellt, ist hinter einem Garten verborgen, der durch Mauern aus mörtellos aufeinander geschichtetem Vulkangestein begrenzt wird. Dort haben zwei der vulkanischen Blasen ihre Öffnungen, und auch Manriques Leidenschaft im Sammeln von »Fundstücken« tut sich hier kund: Zwischen Bougainvillien und Kakteen hängen große Schiffsanker und skelettierte Köpfe von Kamelen, Ziegen und anderen Tieren an der Wand und bilden ein beunruhigendes Kuriositätenkabinett. Von diesem überraschenden Garten aus betritt man das Kernstück des oberen Geschosses des Hauses. Nach einem Blick auf den Grundriß und mehr noch bei einem Rundgang stellen wir fest, daß es sich um eine

Folge von rechteckigen und quadratischen Räumen handelt, die isoliert sein können wie die Schlafzimmer, doch im allgemeinen ineinander übergehen und so eine einheitliche fließende Raumfolge schaffen, in der die Verschiebung der Achsen und der Ausrichtung eine große Dynamik und eine asymmetrische Aufteilung hervorruft.

Es ist offensichtlich, daß Manrique sich durch das organische Wachsen in der Volksarchitektur inspirieren ließ, und in diesem Fall folgte er mit der Sequenz der Räume dem Gliederungsschema der Wohnhäuser von Lanzarote, bei denen sich die Zimmer auf einen Hof öffnen. Die Lichtflut, die durch das Oberlicht fällt und die rote Blase beleuchtet, läßt nicht nur die zwei übereinandergesetzten Ringe als besonders feines architektonisches Detail hervortreten, sondern unterstreicht zugleich die zentrale Funktion dieses Raums als Lichtspender und Verteiler. Auch die bautechnische Behandlung einiger Decken und Wände, die kubischen Baukörper und die Textur des Putzes verraten den Einfluß des Bodenständigen. Und was ist zu den gewagten, übergroßen Kaminen zu sagen, die auf die höchst puristischen Baukörper gesetzt sind? Hat auch einer von ihnen, der in der rechten Ecke des Salons, eine funktionale Berechtigung als Rauchabzug, so spielt der in der linken Ecke in der Nähe der Küche eine rein dekorative Rolle und ist eine fast genaue Nachbildung eines der Kamine von Haría, wo Manrique seinen zweiten Wohnsitz schuf.

Nachdem wir diese und andere Spuren der Inselarchitektur wiedererkannt haben, genügt es, von außen den starken Kontrast zwischen dem Kamin, der dem von Haría so ähnlich ist, und der großen verglasten Öffnung darunter sowie die ineinanderfließenden Räume zu betrachten, um zu bemerken, daß das Bodenständige durch eine moderne Sichtweise gefiltert und durch ein Raumempfinden transformiert wurde, das auf Frank Lloyd Wright, den neoplastischen Raum und die Privathäuser Ludwig Mies van der Rohes in den zwanziger Jahren zurückgeht. Und die breiten Fenster, die jederzeit geöffnet werden können, um den inneren Raum mit dem äußeren zu verbinden, rufen uns wiederum Mies van der Rohe und auch gewisse Bilder von Villen Le Corbusiers ins Gedächtnis. Es ist wohlbekannt, daß Manrique keine spezifische Ausbildung als Architekt besaß, jedoch auch, daß seine Intuition und seine Reisen es ihm erlaubten, unzählige moderne Anregungen in sich aufzunehmen, und daß er empfänglich war für alle Impulse seiner Umgebung.

Wie auch immer, mit diesen Räumen gelang Manrique eine fließende Verbindung zwischen Innen- und Außenraum, zwischen der Architektur und der Natur, was wir mühelos feststellen können, wenn wir auf die Außenterrassen an der dem Eingang gegenüber liegenden Seite des Hauses treten und dort herumgehen, aber auch, wenn wir vom Inneren den Blick nach draußen richten oder verschiedene Blickwinkel und Perspektiven suchen. Dann erleben wir Momente, in denen wir uns eingebunden fühlen in die Natur mit ihrer üppigen Vegetation oder ihrer vulkanischen Härte; Momente, in denen uns die nahe und ferne Landschaft in ihren Bann zieht. Wenn wir unseren Blick durch die breiten Fenster schweifen lassen, fällt er auf die tropische Vegetation, den Lavafluß, die Häuser, die wie weiße Farbtupfen die Ebenen und die nahen Berghänge sprenkeln. Von jedem Blickwinkel

aus werden wir mit den vielfältigsten Eindrücken belohnt.

Schon oben erhalten wir einen Vorgeschmack dessen, was das Untergeschoß für uns bereit hält, denn während im Zentrum des Hauses die Vegetation der roten Lavablase zum Vorschein kommt, erblicken wir durch eines der großen Fenster des Ganges, der uns zum Schlafzimmer führt, die gelbe Lavablase und durch ein anderes, das im Korridor liegt, der in den Raum mit den ausgestellten Projekten mündet, die schwarze Lavablase vor dem Hintergrund des durch einige »socos« unterbrochenen Lavastroms. Diese beeindruckenden Bilder offenbaren unserem Auge in konzentrierter Form die einzigartigen Schönheiten der Insel.

Doch angesichts dieser und anderer Überraschungen sollten wir nicht den intimsten und privatesten Raum außer acht lassen, das höchst beeindruckende, neben dem Schlafzimmer des Künstlers liegende Badezimmer. Tatsächlich handelt es sich bei diesem Raum eher um ein ungewöhnliches »Boudoir« als um ein Badezimmer; es ist ein Kabinett, dessen Gestaltung mehr ausgerichtet ist auf das Bedürfnis nach der Betrachtung der wuchernden Pflanzen im Inneren, der durch die Seitenfenster eindringenden Landschaft und des durch eine von Pflanzen grün schimmernde Glaskuppel an der Decke von oben hereinfallenden Lichtes, als daß es von den physiologischen Notwendigkeiten bestimmt wäre. Es ist bezeichnend, daß dieser sonst so prosaische Ort, dem von den Architekten unserer Zeit, vielleicht mit Ausnahme von Le Corbusier, eine derartige Geringschätzung zuteil wurde, eine so große Beachtung erfuhr und in einen Raum der Muße verwandelt wurde, wo Körper und Geist, Mensch und Natur miteinander versöhnt sind. Die Art, wie er sich vollkommen in die Landschaft einfügt, nimmt vorweg, was uns im Untergeschoß erwartet. Er ist das eigentliche Wachstumszentrum des sich von innen nach außen entfaltenden Hauses und damit ein Ort voller Symbolik.

Die sanften Übergänge zwischen den einzelnen Bereichen, die Weite des Blicks durch die großen verglasten Öffnungen, die Klarheit und die zurückhaltende Farbigkeit der Wände und andere Aspekte machen aus der Raumfolge einen Ort der Beschaulichkeit, deren Intensität um so größer ist, wenn wir ihn allein und ungestört durchwandern. Immer aufs neue kann sich die Beschaulichkeit sowohl nach außen als auch nach innen richten. Vielleicht war es diese Erfahrung, die Manrique dazu anregte, sein Haus in ein »als Kunstgalerie bewohnbares Museum« zu verwandeln. Tatsächlich ist dieses Privatmuseum eine weitere große Attraktion unseres Besuches, denn in seinen Räumen können wir neben den Zeichnungen des architektonischen Werks Manriques Gemälde von Equipo Crónica, Alfonso Fraile, José Guerraro, Manuel Mompó, Gerardo Rueda, Eusebio Sempere, Fernando Zóbel, sowie von einheimischen Künstlern wie Martín Chirino, José Dámaso, Juan Gopar, Manuel Millares oder Néstor de la Torre und Grafiken von Pierre Alechinsky, Eduardo Chillida, Joan Miró, Pablo Picasso, Antoni Tápies und anderen betrachten.

So interessant der Rundgang bisher auch war, liegen doch die größten Glanzpunkte noch vor uns, denn von einem der Räume des Obergeschosses haben wir Zugang zu einem kleinen Garten, von dem wir über eine

zufällig anmutende, rustikale Treppe zur ersten Lavablase hinabsteigen. Bekannt als Abstiegsblase oder Avocado-Blase nach dem Baum, der einstmals in ihr wuchs, dringen wir von hier aus durch die Verbindungstunnel zu den vier restlichen Lavablasen und dem Schwimmbecken vor. Nach der Entdeckung der Lavablasen wurde der Durchbruch dieser Verbindungstunnel zu einem der aufregendsten Ereignisse der ganzen Bauzeit. Diese wegen der Härte des Basaltgesteins äußerst schwierige Aufgabe löste Manrique mit Unterstützung seiner lokalen Helfer unter der Führung von Domingo Parón, einem Meister aus Tahíche. In den ersten Jahren erreichte man die Lavablasen über die Wendeltreppe im Zentrum des Wohnraums, und eine Folge davon war, daß die rote Blase die Funktion des Verteilers in die anderen Richtungen übernahm. Nachdem im März 1989 mit der Herstellung der Verbindung zwischen der schwarzen und der gelben Blase die Arbeiten abgeschlossen wurden, ist ein Rundgang möglich, der von der Avocado-Blase über die weiße Blase, die rote Blase, die Schwimmbad-Blase und die schwarze Blase bis hin zur gelben Blase führt. Zu Musentempeln deklariert, ist jede nach der Farbe benannt, in der der untere Teil der Blase gestrichen ist. Eine Sonderstellung nimmt die Blase mit dem organisch geformten Schwimmbecken ein, die als Vorbild für spätere Projekte an anderen Orten diente und zu einer faszinierenden Oase in der Lavawüste geworden ist.

Betrachten wir den Plan der fünf Lavablasen und des Schwimmbads, stellen wir fest, daß er keinerlei Ähnlichkeit mit allem hat, was wir sonst aus der Architektur kennen, noch nicht einmal mit den gewagtesten Entwürfen der organischen Strömung der sechziger Jahre – außer vielleicht mit gewissen utopischen Projekten von William Katavolos und Paolo Soleri; nur daß bei Manrique, abgesehen davon, daß er nichts mit den Entwürfen für die schwimmende Stadt und ihren Schöpfern zu tun hatte, die Ideen seiner Utopie in einer greifbaren Wirklichkeit Gestalt annahmen und er dabei nicht nur einem Ort huldigte, wo die Natur unvergleichliche Schönheiten geschaffen hatte, sondern auch seiner Architektur den Stempel der vulkanischen Natur der Insel aufdrückte. Seine Träume kristallisierten sich um eine in den Lavablasen und dem Höhlenlabyrinth quasi »gefundene« Architektur, um eine Architektur, die aus dem Inneren der Erde hervorging und zur Metapher des Mutterleibs und zum Symbol der physischen und psychischen Innerlichkeit wurde.

Der Abstieg zu den Lavablasen war für Manrique offenkundig nicht der Weg in die Unterwelt, sondern er erlebte während des Hinabsteigens eine Art von Erleuchtung, die ihm die Rätsel der Insel entschlüsselte, und er empfand es wie ein liebevolles Zusammentreffen mit der Mutter Erde, die er als »gute Wohnung« begriff. Dank dieser ästhetischen Offenbarung war Manrique fähig, in dem, was für die anderen banal und alltäglich war oder gar Anlaß zum Spott bot, den Widerschein des Einzigartigen, das versteckte Wesen der Welt zu erkennen. 1988, 20 Jahre später, erinnerte er sich immer noch bewegt an jene ersten Erlebnisse, die ihn zu einem ebenso unbekannten wie unvorhersehbaren architektonischen Abenteuer verführt hatten: »Während dieser Momente meines neuen Kontaktes mit der Lava fand ich bei meinen Untersuchungen fünf Lavablasen. Als ich mich ins Innere begab, indem ich mich von dem Feigenbaum herabließ, der darin wuchs, traf ich auf eine Wirklichkeit, die meine Vorstellungskraft überstieg. In der ersten Lavablase glaubte ich, in einer anderen Dimension zu sein, und begriff die Größe der Kunstwerke, die die Natur hervorbringt. In jenem Augenblick dort in ihrem Inneren wußte ich, daß ich sie in einen Wohnraum für Menschen verwandeln konnte, und begann, mein zukünftiges Haus zu planen, wobei ich mit großer Klarheit seine Magie, seine Poesie und gleichzeitig seine Funktionalität vor Augen hatte. Nachdem ich wieder aus der Intimität und der großen Stille aufgetaucht war, fiel es mir schwer, in die Wirklichkeit zurückzufinden, der ich entflohen war.« Und als Randbemerkung faßte er die Geschichte von fast 20 Jahren zusammen, indem er sagte, er habe sie erlebt wie jemand, der »in seinem Inneren die absolute Stille des Betrachtens der Sterne aus der Nähe wie bei einer Raumfahrt erfahren hat, bei der man die Unendlichkeit mit animalischem Instinkt spürt«.

Begeben wir uns von der Ebene des Erschaffers auf die eines sensiblen Besuchers, bemerken wir, daß wir in eine Architektur der individualistischen, konsequent organischen Formen eintauchen, eine Architektur, die uns wie mit einer Membrane umgibt, wo gegenüber der Geometrie der Geraden die runde Linie vorherrscht, und die wir weniger über das Auge als über den Tast- und Orientierungssinn und die Eindrücke unseres ganzen Körpers wahrnehmen. Im Unterschied zum fließenden, sich lang ausdehenden visuellen Raum, den das Obergeschoß bildet, herrscht im Untergeschoß der nahe, fast berührbare Raum vor. Der Zuschnitt der Lavablasen, die Vegetation, die auf der Suche nach Licht zur oberen Öffnung strebt, die verstreuten entworfenen oder gefundenen Objekte, die Farben, die jede Blase beherrschen und dazu beitragen, den beschaulichen Charakter ihrer Räume hervorzuheben, üben zweifellos einen großen Reiz auf den Besucher aus, und ohne Frage wird die Phantasie eines jeden von diesem Höhlenlabyrinth und diesen traumhaften Winkeln angeregt. Doch obwohl all dies bemerkenswert ist, wird es vielleicht in den Hintergrund treten, wenn uns das Gefühl überkommt, uns in einem architektonischen Raum zu bewegen, der erdhaft mit der anorganischen Natur verbunden ist, jedoch voller sinnlicher und gar erotischer Symbole steckt, die uns zwangsläufig primitive Stadien unseres Lebens vor der Geburt, eine Ahnung unserer intrauterinen Geheimnisse zu Bewußtsein bringen.

Auf eine intuitive und spontane Art hat Manrique gewisse unbefriedigte Phantasien umgesetzt, die die visionären expressionistischen Architekten rund um die Zeitschrift *Frühlicht* bewegten, und dies nicht nur mit dem Versuch, das urtümliche Bewußtsein von der »Erde als einer guten Wohnung«, wie es Bruno Traut ausdrückte, wieder ans Licht zu holen. Mit Sicherheit hätte diese vulkanische Architektur Hermann Finsterlin fasziniert und sogar den Dadaisten Kurt Schwitters, der bei seinem *Merzbau* zu jeder Art von Material griff, wenn er damit die Vorstellungskraft erweitern konnte. Zweifellos wird Manrique mit seiner Architektur Bestrebungen dieser Art gerecht, denn in ihr fühlen wir uns als Bewohner eines Organismus, zur gleichen Zeit Geber und Empfänger im Inneren der Mutter Natur.

Kurz vor dem Ende des inneren Rundgangs steigen wir von der gelben Blase eine weitere steinerne Treppe empor und gelangen auf eine Zwischenebene, wo wir auf das Atelier des Künstlers stoßen, das heute als Ausstellungsraum für seine Bilder und als Konferenzsaal dient. Ursprünglich umfaßte es nur den ersten Längsabschnitt, der Rest wurde bei dem Umbau im Jahr 1992 angefügt. Insbesondere die zyklopische Mauer, die in unserem Rücken liegt, wenn wir aus der Blase herauskommen, und das faszinierende große Fenster, durch das der Berg von Maneje zu sehen ist und wo der versteinerte Lavastrom hereinzubrechen scheint und uns die unauslöschlichen Spuren der bedrohlichen Geschichte der Natur vor Augen führt, erregen hier unsere Aufmerksamkeit. Die Schönheit beider Motive wird verstärkt durch die sorgfältige Auswahl der Bilder Manriques, von denen einige auf Grund ihres Gegenstands, ihrer Textur und Farben den Stempel der Natur, dieses vulkanologischen Barocks, verraten, wobei der berührbare Raum als Gegenpol zum optischen wirkt.

Schließlich verlassen wir das Atelier durch die Tür auf der rechten Seite und steigen wieder ins Obergeschoß empor. Dort umgibt uns ein prächtiger Garten mit einem Teich als Zentrum, in dessen Wasser sich die Pflanzen und das großformatige, horizontale Wandbild spiegeln, das die linke Mauer bedeckt und die Bewunderung erkennen läßt, die Manrique mit einer wiederentdeckten Kindheit spielenden Künstlern wie Paul Klee und Joan Miró entgegenbrachte. Danach verlassen wir das Haus durch ein Tor im traditionellen Stil, und nachdem wir es durchquert haben, nehmen wir den äußeren Rundgang wieder auf, den wir verlassen hatten, als wir das Museum betraten.

Hier möchte ich, wenn auch nur kurz, die Aufmerksamkeit auf zwei Einzelheiten lenken, die innerhalb des Ganzen besonders ins Auge fallen. Zum einen sind alle Außenwände des Hauses in Rohputz belassen, das heißt, der Putz ist nicht mit dem Reibebrett geglättet worden. Das bewirkt sehr reizvolle, die handwerkliche Bearbeitung verratende Oberflächen. Da sie wie die Dächer im Stil der Insel weiß gekalkt sind, entstehen Baukörper von großer Klarheit, nur gebrochen von einer dem Licht zu den verschiedensten Schattierungen verhelfenden Textur. An diesen Wänden zeichnen sich die Silhouetten und Schatten riesiger tropischer Pflanzen ab, die manchmal so hoch sind wie das Haus selbst und die Manrique mit großer Hingabe pflegte. Nicht weniger umschmeichelnd wirken die Gärten, die mit ihren faszinierenden Kontrasten zwischen dem Anorganischen, dem Schwarz der Lava, dem »picón«, den »socos« und der tropischen Vegetation voller Farbenpracht und Fröhlichkeit das Haus von allen Seiten umgeben.

1988 entschied Manrique, sein Haus dem Publikum als Museum zu öffnen und es in eine Stiftung umzuwandeln, die er als persönliches Erbe dem Volk von Lanzarote vermachte. Nachdem es umgebaut und erweitert worden war, hatte er am 27. März 1992, wenige Monate, bevor ein unglückseliger Unfall sein Leben auslöschte, die Befriedigung, die Stiftung einweihen zu können. Seine Testamentsvollstrecker setzen heute sein Werk fort, indem sie sich der Förderung der Kunst und der Integration der Architektur in die Natur und die Umwelt sowie der Erhaltung der natürlichen und kulturellen Schätze der Insel widmen, ohne dabei die Bedürfnisse der Gegenwart zu mißachten und den Blick für die Zukunft zu verlieren.

La casa del artista César Manrique en Taro de Tahíche

»Abrirá la boca –granada y llama– y hará granada y llama toda la isla. Y serán labios suyos todas las playas –plata, aluminio, cera– de Lanzarote.«
Agustín Espinosa

Al igual que las siete restantes islas hermanas del archipiélago canario, dispersas cual perlas jaspeadas por el Atlántico, Lanzarote ha sido redescubierta apenas hace 30 años por ese hombre ocioso perdido entre la multitud, el turista, que, cual remedo del viajero de la Ilustración, si ya no busca en las rutas programadas a su propia interioridad o a la naturaleza salvaje, sí persigue al menos a la naturaleza lejana y ausente de su vida cotidiana. Sin embargo, Lanzarote había sido descubierta ya a finales de la Edad Media por aquellos audaces navegantes que se aventuraban a surcar con destino incierto mares desconocidos.

En efecto, probablemente debido al azar de ser la primera isla canaria con que nos encontramos al sur navegando desde Europa, en 1312 desembarcará en Lanzarote el genovés Lanciloto Malocello, de quien, como ya señalaba un Atlas catalán de 1339, procede su propio nombre: Insula de Lanzarotus Malocelus. Unos años después, si bien el primer peninsular que tomó tierra en la Isla fue el vizcaíno Martín Ruiz de Avendaño en 1377, pronto rodeado de leyenda a costa de sus amoríos con la reina nativa Faina, hasta 1402 no se inició la conquista de su territorio por las huestes de Juan de Bethencourt, caballero normando al servicio de la Corona de Castilla. Fruto de la misma ha sido que Lanzarote ha permanecido incorporada a la Corona española hasta nuestros días e integrada en la Comunidad Autónoma Canaria forma parte del territorio español.

No obstante y con ser apasionantes, no son el descubrimiento geográfico ni el turístico los que en esta ocasión reclaman nuestra atención, sino el medio físico y la propia configuración de una isla insólita que ha brotado de las fuerzas destructivas que describiera en tonos dramáticos el párroco de Yaiza, don Andrés Lorenzo Curbelo, testigo ocular de las erupciones volcánicas que la sacudieron entre 1730 y 1736, que, al igual que las de 1824, anegaron sus fructíferos valles y humildes aldeas, sumiendo en la desolación a sus aterrorizados pobladores. Pero cuando las entrañas de la tierra dejaron de crujir y los cráteres de vomitar su abrasadora lava, pareciera como si a través de aquellas mismas fuerzas de destrucción ya domeñadas se hubiera revelado el instinto artístico que el poeta romántico Novalis atribuyera a la misma naturaleza.

Sea como fuere, desde entonces sus más de trescientos cráteres, muchos de ellos visibles en los días diáfanos y luminosos desde las Peñas del Chache y otras altitudes similares, se transfiguran en los ojos de su paisaje; mientras, la tercera parte de su extensión, otrora inundada por la lava, se ha convertido en un profundo bosque volcánico, el Parque Nacional de Timanfaya, y la entera epidermis de la isla queda cubierta por los residuos calcinados o por las arenas del cercano desierto africano que, lanzadas por los vientos alisios, reposan agitadamente en su suave orografía.

Si para los geólogos y otros científicos estos paisajes volcánicos hermanados con el desierto continúan siendo todavía un enigma por descifrar, no menos enigmáticamente se revelan para cualquiera que los recorra, pues se transforman en un inmenso museo de curiosidades naturales sobremanera rico en cosas bellas, si es que no extrañas y sorprendentes, que a menudo traspasan los umbrales de lo sublime bajo el velo del temor y del aislamiento. Y es que, como visitantes, el descubrimiento estético es el que más nos cautiva y en el que se subsumen las impresiones variadas que la isla nos suscita; es ese ir tropezándonos con los monumentos intrigantes de su singular historia natural volcánica, alzándose como hitos en unos paisajes a menudo tan alejados del presente como de la historia humana.

Los parajes variados de esta isla liberan y activan las fuerzas de nuestra imaginación, pero tal vez lo más sorprendente sea que, aun siendo ya tan familiares para miles de visitantes, en ellos no se borren las huellas de lo insólito. Nos producen una fuerte atracción tanto las formas orgánicas derivadas de sus cráteres apagados, las »calderas«, teñidas por los pigmentos de sus propias erupciones o cubiertas por la lluvia incesante de la arena como las extensas superficies de lava petrificada en estratificaciones de texturas retorcidas y rugosas entre colores tenebrosos o los torrentes de fuego que al surcarlas quedaron paralizados en un instante; pero no menos nos seducen las faldas de las suaves montañas protegidas por los residuos volcánicos desintegrados, el popular »picón«, o los campos cubiertos por los »enarenados« naturales y artificiales, mientras en otros lugares de la isla los mantos del magma volcánico o de la arena dorada aparecen moteados por el verdor de la vegetación tropical, la blancura de sus arquitecturas o la amplia gama de amarillos, marrones, rojos, ocres y plateados intensificados por la luz solar y su nítido contraste con los telones envolventes del azul profundo del Atlántico. Y es que las bellezas de Lanzarote brotan de la feliz conjunción de los cuatro elementos originarios con que los griegos concebían la entera creación: tierra, aire, fuego y agua.

Ciertamente la isla de Lanzarote ha enarbolado siempre las inquietantes bellezas geológicas, testigos mudos de la creación originaria previa a la presencia del hombre, o las más serenas de sus formas orgánicas, la orografía suave y la vegetación natural o la propiciada por la industria de sus habitantes. Sin embargo, su descubrimiento estético reciente casi resulta inimaginable sin el concurso de una personalidad enamorada de ese maravilloso paraíso, como fue el artista César Manrique, que las supo ver y trasmitir a los demás.

Nacido en la capital de la isla, Arrecife, en 1919, Manrique se trasladó en 1945 a Madrid para estudiar pintura en la Escuela de Bellas Artes de San Fernando y el séptimo arte en el Instituto de Investigación y Experiencias Cinematográficas; en 1954 lo encontramos entre los fundadores de un grupo pictórico, al que pertenecieron también Luis Feito y Manuel Mampaso, nucleados en torno a la Galería Fernando Fe, una de las primeras que tras la guerra civil se dedicaron a mostrar el arte abstracto. Desde entonces su singladura pictórica virando indistintamente hacia lo sígnico, lo matérico o un naturalismo vitalista que brota de sus vivencias ambientales, siempre estuvo marcado por las grabaciones de su medio natural que

desde su infancia dejaron huellas imborrables en su mente, en particular las de ese »barroquismo vulcanológico« que el propio artista atribuía en 1988 al conjunto de la isla. No es esta sin embargo la ocasión de detenerme en sus aportaciones pictóricas y escultóricas ampliamente reconocidas y merecedoras de análisis más brillantes, como, tampoco, de repasar los numerosos premios nacionales e internacionales alcanzados, como la Medalla de Oro de las Bellas Artes concedida en 1980 por el Ministerio Español de Cultura o en 1989 el Fritz-Schumacher-Preis de Hamburgo, y las numerosas exposiciones individuales y colectivas realizadas en América, Japón, España y Alemania. Me importa resaltar, en cambio, que, tras permanecer en los Estados Unidos entre 1965 y 1968, durante este último año se establece de nuevo en Lanzarote e inicia una actividad infatigable para salvaguardar y enriquecer el medio ambiente de su isla, contando para ello con el inestimable apoyo de su amigo de la infancia y a la sazón presidente del Cabildo Insular, José Ramírez Cerdá, y la colaboración de un equipo encabezado por Luis Morales y Jesús Soto.

Manrique repetía a menudo que el haber nacido en »esta quemada geología de cenizas en medio del Atlántico« condiciona a toda persona sensible y, desde luego, lo condicionó a él hasta tal extremo, que, al igual que el poeta Agustín Espinosa puso todo su empeño en crear mediante la visión poética un nuevo Lanzarote, una mitología conductora, el pintor no sólo redescubrió la isla por otros medios expresivos, sino que se entregó con pasión a construir un Lanzarote inédito. Un Lanzarote cercano a una utópica »construcción de la tierra«, que realizó durante casi 25 años a través de sus obras arquitectónicas y medio ambientales, propiciando al mismo tiempo un clima que acabó calando en la conciencia colectiva y despertando la sensibilidad estética de la generalidad. Nos hallamos, pues, ante un artista desbordante que no solamente supo ver los monumentos naturales erigidos por la vulcanología o los labios de sus playas, la peculiar agricultura cultivadora de un inconsciente pero singular »land art« o las límpidas y sobrias arquitecturas populares o semiocultas, sino que, con gran osadía, se impuso un reto pletórico de utopía y, por extensión, lo lanzó a los demás para salvar su medio ambiente.

Desde que se estableció de nuevo y definitivamente en Lanzarote, Manrique, sin abandonar su actividad como pintor, oficio del que realmente vivía, se entregó con pasión a la tarea de imponer una cierta unidad en el estilo de la isla. Tanto en su medio físico cuanto en sus arquitecturas. En realidad, lo que siempre persiguió, en un espíritu expresionista del que seguramente no tuvo noticia, fue la »construcción de la tierra«, una versión muy personal de la obra de arte total (Gesamtkunstwerk) con los propios materiales encontrados y culturales del lugar. Personalmente le molestaban las etiquetas que lo clasificaban como pintor, arquitecto, diseñador, escultor, proyectista o urbanista, pues, aparte de que le resultaban empobrecedoras, siempre atisbó el futuro del arte y, por supuesto, su propia actividad, en la creación total. Por eso mismo, sentía la urgencia de traspasar las fronteras de cada arte, ampliarlas en direcciones inexploradas y de integrar todas sus facetas en una simbiosis totalizadora que afectaba tanto el arte como la vida del hombre. Como

manifestó en marzo de 1992 con motivo de la inauguración de su propia Fundación, se identificaba plenamente con las ideas de Joseph Beuys sobre »la necesidad de ampliar los ambiguos límites del arte al concepto del significado de la vida; pero es necesario que antes frenemos el alarmante deterioro del planeta. Los artistas tenemos el deber moral de salir en defensa de nuestro propio medio«.

En consecuencia con estos puntos de vista, el paisaje, la flora y la agricultura, la arquitectura y los conjuntos habitados, se convirtieron en el punto de partida de una actividad que tuvo en *Lanzarote, arquitectura inédita* (1974) una de sus primeras cristalizaciones. En esta obra señera, realizada en colaboración con el crítico Juan Ramírez de Lucas, se auscultaban la geología y el negro paisaje de la isla, pero, todavía más, aquella arquitectura »sin constructores conocidos, sin nombre, sin firmas, que en la oscuridad guardáis vuestro secreto«, según una invocación del romántico Victor Hugo que encabeza las primeras páginas del texto. Enseguida apreciamos las preferencias por las arquitecturas sin arquitectos o de arquitectos desconocidos que no han de buscarse en las ciudades, entonces apenas relevantes en la isla salvo su propia capital, sino en la construcción de la corteza terrestre. No es casual en este sentido que tras un breve recorrido por la isla trace algunas pinceladas sobre el concepto geométrico de su agricultura y deje constancia de las primeras huellas de la intervención sobre el paisaje que insinúan la construcción humana.

Nos referimos en primer lugar a los »socos«, unas construcciones campesinas casi neolíticas, realizadas con muros semicirculares de piedra volcánica tallada como adoquines; levantados a modo de anillos, sin emplear argamasa alguna que los una entre sí, trenzan una suerte de celosía que al mitigar la acción de los vientos, sirve de protección a las vides frondosas de las que se extrae el vino de Malvasía cuyo renombre, gracias a los naturalistas del siglo XVIII, llegó incluso a oídos del recoleto Immanuel Kant. Invenciones típicas de Lanzarote, los »socos« no sólo se transforman en una de las imágenes características de La Geria y otros lugares de la isla, sino en uno de los ejemplos »encontrados« más elocuentes de un »land art« previo a toda moda artística que, a su vez, ha sido tomado como elemento de inspiración para algunos proyectos de arquitectura con arquitectos. Así sucedió en el que presentó en 1963 para el sur de Lanzarote (hoy en el Museum of Modern Art, Nueva York) Fernando Higueras, amigo y colaborador estrecho de Manrique, del que, a su vez, resuenan los ecos en el Hotel Las Salinas.

Seguramente la evolución habitable de los »socos« sean los »taros«, una cabaña no menos primitiva, construida por procedimientos rudimentarios, que servía para vigilar los campos cercanos de vides o de higueras y protegerse de las inclemencias del tiempo. Precisamente uno de los más conocidos se halla muy cerca de la Casa de Manrique en la localidad de Tahíche.

Ahora bien, si las construcciones de estas y otras arquitecturas de la agricultura siguen seduciéndonos debido a que traslucen una fusión equilibrada y serena entre la naturaleza y la cultura en sus estados primerizos, transfigurando las necesidades agrícolas en formas casi neolíticas, el equilibrio y la serenidad impregnan asimismo a las intervenciones más evolucionadas del hábitat humano. En particular, a las arquitecturas de cuerpos cúbicos o redondeados, siempre organicistas y funcionales, de las casas populares en Güime, Guatiza, Haría, La Geria, Los Valles, Montaña Blanca, Tao, Tahíche, Tías, Tinajo, San Bartolomé, Uga, Yaiza y otros puntos destellantes de blancura que salpican la geografía de la isla sin apenas perturbar nuestra mirada, en armonía relajante que desconoce las rigideces en la estructura urbana, se adapta a las condiciones ambientales y a la topografía de los lugares y adopta la dispersión y la topología como criterios de la ordenación espacial.

Parajes de estratificaciones geológicas o cubiertos por los mantos de la lava apagada o de las arenas movedizas y las dunas cambiantes, ríos encharolados por esa misma lava congelada y labios arenosos de las numerosas playas acariciadas por el oleaje del mar, flora de naturaleza tropical o cultivada por el trabajo humano, arquitecturas de la agricultura o de las viviendas populares, a veces incluso arquitecturas cultas como la religiosa o las casas solariegas en Teguise, he aquí motivos de un elenco incompleto sobre los que el artista reposaba su mirada escrutadora. Pero en Manrique este descubrimiento estético de la isla desbordaba las fronteras de una contemplación desinteresada para implicarse en un proceso de creación que marcaría el rumbo de su propia utopía proyectual. El ejercicio estético devenía así guía para unas intervenciones futuras que en poco más de 25 años han convertido a la antigua cenicienta de las Islas Canarias en un paradigma mundial de la integración entre la naturaleza y la cultura vía el arte, la arquitectura y la conservación de su medio físico. Y así ha sido reconocido en numerosas ocasiones, en particular cuando en 1986 Lanzarote recibió el Premio Europa Nostra y en 1993 fue declarada Reserva Mundial de la Biosfera. Pero estos logros no hubieran sido posibles sin la actividad entusiasta, contra viento y marea, del propio Manrique, constructor universal, al menos metafóricamente, del insinuado Lanzarote inédito.

»El estudio y la observación del paisaje –escribía Manrique en *Lanzarote, arquitectura inédita*– su flora, su agricultura, su arquitectura, fueron el fundamento básico para el comienzo educativo de los primeros equipos que se formaron.« Años más tarde, en una monografía sobre Lanzarote aparecida en Stuttgart en 1982, resumía con sencillez el espíritu que le animaba en sus intervenciones: »Aparte de comenzar a exaltar los lugares en donde la naturaleza había creado algo sin comparación posible a nada de las bellezas catalogadas ..., comenzamos por darle el carácter auténtico de su propia vulcanología, de acentuar su propia y única agricultura, de seguir la trayectoria de una limpia y elegante arquitectura popular.«

En este breve programa latía una nueva actitud ante las bellezas de la isla o, como prefería el propio artista, un nuevo concepto sobre los vínculos »Arte-naturaleza o Naturaleza-Arte«. Pero esta equivalencia, invocada a menudo por Manrique para explicar sus logros, no se limitaba a una aplicación del arte para evitar el deterioro de la naturaleza, sino que se ampliaba a las virtualidades de ésta última en el reino propio del arte, ya que en ella se encuentra la razón oculta de la creación artística. En este sentido, rememorando el retorno a Lanzarote desde el mundo agresivo, conflictivo y masificado de Nueva York, apostillará en 1992 en

el ya citado discurso pronunciado con ocasión de la inauguración de su Fundación: »Sabía en aquel tiempo que en la naturaleza se encontraba el secreto de la razón vital y el sentido de la verdad, y por esta causa me vine a esta volcánica isla.«

Desde entonces, en efecto, orienta su actividad a rescatar esos lugares de belleza sin par, ya sea a través de rutas, sobre todo la volcánica en el Parque Nacional de Timanfaya, de miradores que se abren al paisaje, como el de Haría y el del Río, de restaurantes como el del Diablo en las Montañas del Fuego; a restaurar ruinas abandonadas, como las del Castillo de San José; a emular la arquitectura limpia y sobria de la isla en la Casa Museo del Campesino o a supervisar las intervenciones de otros en su calidad de Delegado Oficial de Bellas Artes y como director artístico en la firma Río Tinto. Creo que entre sus intervenciones personales habría que resaltar los Jameos del Agua, el Mirador del Río, el Jardín de Cactus y la Casa de Taro de Tahíche, transformada actualmente en la Fundación César Manrique.

Como es sabido, los románticos alemanes, coreados en nuestro siglo por los arquitectos expresionistas de Berlín, consideraban a la arquitectura como una continuidad de la naturaleza en su actividad constructora, mientras desde el *Heinrich von Ofterdingen* de Novalis y ciertas pinturas de Caspar David Friedrich y Carl Gustav Carus la cueva y el laberinto cavernoso devenían tópicos en cuanto imágenes míticas de la arquitectura y contrapunto a la cabaña primitiva de los pensadores de la Ilustración. Desconocemos si Manrique conocía estas referencias y otras similares, pero desde luego no sólo sintonizaba con estas vivencias primitivas de lo arquitectónico sino que a partir de ellas nos brinda en 1968 su primera gran intervención en la que prosigue la actividad constructora de la naturaleza y le confiere el carácter de su propia vulcanología.

En efecto, los Jameos del Agua son unas cavidades volcánicas reventadas que se insertan en una cadena de cuevas, burbujas y tubos bajo tierra, producidas, casi »construidas«, por las erupciones del volcán de la Corona, situadas al norte de la isla. Tras bajar a un jameo –el Jameo Chico– en cuya plataforma se ha habilitado un restaurante, se desciende mediante una escalera rústica de madera rodeada de vegetación tropical a un tubo volcánico de 62 metros de largo por 19 de ancho, en el que una claraboya natural proyecta los penetrantes rayos solares sobre un lago situado bajo el nivel del mar, clavando en sus aguas saladas dardos mutantes en gamas de azules, turquesas y verdes metálicos. El espacio de esta gran bóveda nos impresiona por la solemnidad del vaciado producido al azar por la explosión de gases acumulados y las texturas cavernosas que tanto evocan el barroquismo vulcanológico. El artista ha reducido al máximo su intervención para potenciar a la propia naturaleza en su topografía, secciones, materiales y vegetación, pero a partir de sus sugerencias funcionales y poéticas tanto puede estructurar un bar, una pista de actuaciones, como una piscina exótica en otra de las burbujas al descubierto o la escalera serpenteada a través de la cual se accede al Jameo Grande, de 100 metros de largo y 30 de ancho. En la descarnada bóveda del mismo se cobija una sala de conciertos que hubiera hecho las delicias de los hermanos Taut y de Hans Poelzig. Y es que en esta laberíntica intervención

ción »encontrada« la simbiosis entre la mítica caverna, los efectos del fuego y el agua como símbolo universal de la vida fructífica en una arquitectura desbordante de fantasía.

El espectacular Mirador del Río tiene como punto de partida una antigua posición de artillería, la Batería del Río, situada a 479 metros de altitud, desde la cual se oteaban amplios horizontes marítimos. El atractivo de esta intervención proviene del recurso a una cierta perversión surrealista, ya que tanto la amplia explanada vacía como el imponente telón de fondo formando el muro semicircular de piedras superpuestas producen unos efectos de exclusión tan sólo mitigados por la rústica puerta de acceso sobre la que el óculo se alza cual metáfora de la visión prometida. Pero una vez traspasados estos umbrales, no exentos de otras sorpresas visuales, el visitante acabará por disfrutar desde el otro lado, desde el interior y las breves »promenades« arquitectónicas exteriores, vistas panorámicas deslumbrantes hacia los islotes de Montaña Clara y Alegranza, la isla de La Graciosa y los lejanos horizontes azules. A excepción de los huecos acristalados, la entera construcción se fusiona en sus formas, colores y texturas, hasta casi confundirse, con la naturaleza volcánica que la envuelve.

Pero si en este mirador Manrique excavaba las posiciones abandonadas de artillería para poder empotrar en la montaña nuevos cuerpos arquitectónicos, en el Jardín de Cactus aprovechó el vaciado de la enorme fosa excavada en 1850 por los campesinos para extraer el »picón« y cubrir sus campos, transformándolo en un grandioso anfiteatro a la manera romana. Sólo que ahora el espectáculo no corre a cargo de los hombres sino a cuenta de casi mil quinientas especies de cactus, provenientes de América, Madagascar y las propias islas Canarias, y reproducidas en una miríada de plantas con las formas y colores exóticos más insólitos. El impacto visual de la gigantesca escultura metálica que Manrique colocó en el exterior ya nos avisa de que el jardín se convierte en un homenaje a estas especies que cubren los campos que se extienden entre las localidades cercanas de Mala y Guatiza. El acceso giratorio, que fusiona motivos de la arquitectura popular con las maneras compositivas y los estilemas de la culta, acentúa unos efectos un tanto manieristas de sorpresa y sirve de filtro para la fascinante escenografía que nos depara su interior; éste, al igual que sucedía en el gran muro del Mirador del Río, articula sus paramentos escalonados, como si de gradas se tratara, al modo de las construcciones ya mencionadas de los »socos« y los »taros«, pero también nos recuerda recursos topográficos y de una arquitectura en crecimiento que encontramos en el Parc Güell de Antoni Gaudí, el arquitecto con el que más se sentía identificado el propio Manrique.

Creo que, en el Jardín de Cactus, culmina la obra de arte total tal como la entendía este artista: en cuanto una estrecha fusión entre el arte y la naturaleza que intercambian de continuo sus papeles; desde una concepción de la arquitectura en cuanto crecimiento orgánico que prolonga a la naturaleza en su actividad constructora, trasfigurando todo lo que toca. Tal vez por eso, en este jardín conviven materiales de índole tan diversa como el molino de viento restaurado de Guatiza con nuevas intervenciones que aprovechan la estructura de un »taro« para transformarla en una tienda de recuerdos; la escultura en la entrada con las rejerías, las lámparas y otros objetos de diseño que ostentan motivos alusivos al entorno vegetal; ese gabinete de curiosidades botánicas y estéticas que crecen y engalanan seductoramente el vaciado volcánico con los gigantescos monolitos basálticos de configuraciones antropomórficas surrealizantes que, dada la dureza de sus piedras, fueron cincelados al azar por la piqueta de los campesinos y todavía se alzan cual esculturas sin escultores que sin embargo parecen haber sido tamizadas por la visión orgánica de un Henry Moore.

En estas y otras realizaciones de Manrique en solitario o en colaboración con arquitectos profesionales, como en el Hotel Las Salinas o en el Pueblo Marinero, uno de los primeros logros del turismo de masas, comprobamos con gran satisfacción y gratitud que aquel »milagro de la utopía« en el que tanta confianza depositara el artista se ha realizado al menos parcialmente, en particular si lo comparamos a lo sucedido en otras islas hermanas. Incluso, se respira aquella unidad de estilo que propugnara Manrique para la isla en su conjunto y que tuvo en *Lanzarote, arquitectura inédita* el primer repertorio de modelos que han inspirado a las intervenciones turísticas de masas y serán un acicate para creaciones futuras.

Si hasta ahora he recreado las vivencias estéticas que despiertan el recorrido y la contemplación de la isla, no sin antes haber aceptado la invitación a descubrirla que nos cursaron la obra y la vida de Manrique, no ha sido por capricho. Muy al contrario, lo considero como un pórtico insoslayable para traspasar los umbrales de la casa-estudio que él mismo se construyó en Taro de Tahíche, un paraje así conocido por encontrarse en él uno de los ejemplos más característicos de esta construcción primitiva recogida, en un estado de semiabandono, en *Lanzarote, arquitectura inédita*.

Durante su prolongada estancia en Nueva York Manrique, como confesó en más de una oportunidad, nunca logró desvanecer en su ánimo las brumas de la nostalgia que le despertaban los recuerdos de su isla. Pero, impulsado por ella, nada más regresar en 1968 a la misma se obsesionó por levantar una casa más acorde con una fantasía soñada de su infancia que con la prosaica realidad. »En los primeros momentos de pisar de nuevo Lanzarote –comentará en 1988– me di cuenta, como una obsesión, de querer volver a repetir mis especiales aventuras dentro de las lavas como en mis primeros años; pero ahora, con una gran experiencia comparativa, sentía una verdadera atracción por volver a encontrarlo o, si pudiera, repetir las sensaciones de introducirme de nuevo en esa magia de las grietas volcánicas y participar con ella de la emoción estética.«

Tras intensas búsquedas por la geografía de la isla para fijar el lugar exacto, la elección de su localización recayó en uno de esos »tus ríos de charoles negros en luto, y apagados ya sin humos de pastosa y espesa corriente quieta«, como había visto en 1974 a los torrentes de lava. Más en concreto, el elegido fue el torrente provocado por las erupciones volcánicas habidas en 1730 que se encuentra en las cercanías de la antigua capital de Lanzarote, Teguise. Para sorpresa de todos, en este paraje inhóspito horadaría y

asentaría Manrique su propia casa, envuelta y casi inundada por la lava paralizada en un instante. Pero, precisamente, esta envoltura telúrica fue la que le permitió crear fuertes y sugerentes contrastes entre la negrura volcánica y la blancura de sus volúmenes, entre la oscuridad y la luz, entre lo táctil y lo visual, entre los valores del espacio próximo y los del más alejado.

Contemplada a cierta distancia, la casa-estudio de Manrique se confunde con cualquiera de las hermosas arquitecturas cúbicas diseminadas por los llanos y las faldas de la isla. Si nos situamos en el lado de la entrada principal, observamos cómo su silueta accidentada se proyecta sobre el telón de fondo de dos características »calderas« volcánicas, las que configuran a las montañas de Maneje y Tahíche, mientras si nos colocamos en el lado opuesto, su blancura iluminada destaca con intensidad sobre el azul del Océano que se halla a sus pies en un horizonte no lejano. Pero una vez traspasados sus umbrales, el recorrido nos depara tantas sorpresas que la tornan singular y hasta única en su calidad de una intervención moderna dispuesta a confrontarse con las más brillantes del pasado insular.

En alguna ocasión se ha dicho que en su casa-estudio Manrique montó un verdadero taller. Pero ello no ha de entenderse tan sólo en el sentido de que la convirtió en su lugar de trabajo, en su estudio hasta 1988, sino también en cuanto la transformó en metáfora de su propia obra, acrisolando en su construcción múltiples experiencias artísticas y vitales; logrando una simbiosis fluida entre la tierra volcánica, que es trasfigurada en »una buena vivienda«, y la vegetación tropical exuberante, así como entre ésta y el repertorio de elementos extraído de la arquitectura vernácula. En la restauración y ampliación de la casa-museo del Campesino situada en el centro geográfico de la isla entre San Bartolomé y Mozaga, Manrique ya había explorado este filón popular, convirtiéndolo incluso en guía para su propia creación, pero ahora, enemigo por igual del regionalismo miope del »pastiche« como de un estilo internacional sordo a las melodías diferenciadas, no borra las diferencias y al mismo tiempo las tamiza puntualmente con ciertos filtros modernos.

Las obras de la casa-estudio fueron comenzadas en 1968 y, si bien su ampliación y remodelación para sede de la Fundación se terminaron en 1992, debe ser considerada como una »work in progress«, inconclusa tras la muerte de su autor. Pero este carácter inacabado y abierto no solamente no contraría el espíritu originario que la animaba, sino que trasluce la actitud espontánea e instintiva que la impregna. Por eso mismo, una vez que se consolidó el núcleo, la casa ha ido creciendo en el tiempo como si de un fenómeno de la naturaleza se tratara; sin una idea preconcebida que la condicionara; sin un proyecto arquitectónico en la acepción técnica del término. Como es sabido, Manrique acostumbraba a ilustrar sus concepciones sobre cualquier medio efímero, ya fuera una simple hoja, una servilleta de papel o trazando sobre el suelo líneas con la cal, pero, sobre todo, desarrollando sobre la marcha el proyecto imaginado en el propio terreno. Por este proceder construyó también su casa, ayudado por el maestro de obras Miguel, de San Bartolomé, y un grupo de operarios.

Cuando ahora contemplamos los planos dibujados con posterioridad, en la planta baja subterránea se

percibe con nitidez el crecimiento orgánico, una suerte de pulpo marino creado al azar por la propia naturaleza en las burbujas volcánicas. En la planta alta en cambio, sin renunciar por completo a las curvas orgánicas, predominan las líneas rectas de los cuadriláteros, pero la agrupación de sus unidades geométricas desiguales se rige por la contigüidad topológica y la asimetría en torno a un eje diagonal. Incluso, si de una manera imaginaria somos capaces de representarnos las secciones en sus desniveles topográficos, circulaciones accidentadas, terrazas y miradores o los alzados de sus volúmenes, se refuerza la impresión de que estamos ante una acumulación de fragmentos que no obstante nos encandilan por su manera de adaptarse al terreno; por aprovechar sabiamente lo que brinda el entorno natural y hasta por esa unidad versátil de lo que va creciendo como un organismo vivo que reacciona a las necesidades de cada momento. En este sentido, Manrique, al ser fiel a ciertas invariantes de la arquitectura isleña, sintoniza con corrientes modernas bien conocidas entre nosotros en los años sesenta, en particular con aquella interpretación de la arquitectura »orgánica« que, aunque procedente de Frank Lloyd Wright vía Bruno Zevi y otros, permitía conciliar lo vernáculo con lo moderno bajo múltiples ropajes. Por eso mismo, como sucedía también en las obras más profesionales de su amigo y colaborador Fernando Higueras, en la Casa de Taro de Tahíche imprimía a la corriente orgánica un sello tan singular, que el resultado devenía autóctono e inconfundible.

Una vez familiarizados a través de las plantas con la concepción general de la casa-estudio, creo que es posible visitarla siguiendo dos itinerarios distintos. Si estamos interesados en comprender su génesis, cómo surgió y fue creciendo a lo largo de los años, es aconsejable que nos situemos en los espacios centrales, en su núcleo inicial. Pero esta posibilidad, sin duda la más adecuada y preferida por un arquitecto o especialista, no es presumible en un visitante que se siente atraído por otras curiosidades casi antes de haber traspasado sus umbrales. Aunque seguiré el recorrido de éste último, me detendré en el núcleo originario, ya que, pasadas las primeras impresiones, nos reserva encantos que no se perciben a primera vista.

La entrada general al conjunto de la casa-estudio nos acoge con dos muros de obra convexos que acaban en dos pilares rematados por unas pirámides de un modo similar a los de otras fincas de la isla, pero en la rejería de la puerta se aprecia enseguida la impronta de Manrique pues, como descubriremos también en otros objetos como las farolas de conos truncados y enfrentados, las lámparas de conos seccionados o las papeleras, su diseño se halla a medio camino entre lo artesanal y lo artístico, colindando incluso con lo escultórico. Precisamente, ya en el aparcamiento del exterior contemplamos la escultura *Sin título* (1992/93), pintada en blanco y accionada en sus rombos y pirámides por el viento, mientras en el paseo que nos lleva a la entrada del actual Museo, en su lado izquierdo, se alza el *Triunfador* (1989), una pieza figurativa estilizada y organicista que contrasta con otro móvil más complejo situado en el lado derecho, *Sin título* (c. 1980), donde juguetea con las formas semiesféricas y circulares de tamaños distintos y colores chillones un tanto »pop«, confiando en otro de los elementos casi constantes en la naturaleza de Lanzarote, los vientos alisios. No en vano ambos móviles se integran en la serie cinética *Juguetes del viento*.

Si, nada más sobrepasar los umbrales de la propiedad, a la derecha nos encontramos con un paisaje volcánico configurado por la lava condensada y el »rofe«, por la vegetación tropical y los »socos« a la manera que hemos visto en La Geria, a la izquierda se sucede una secuencia de volúmenes cúbicos y blancos con cubiertas planas, pequeños lucernarios piramidales, una chimenea típica de ascendencia bizantina y hasta un sencillo campanario inspirado en ermitas como la de Teguise. Incluso, la coronación del portón con tres pilones de terminación piramidal reproduce de una manera casi literal a los que todavía podemos econtrar en Yaiza y Tías, mientras las carpinterías enmarcan igualmente los huecos con los verdes intensos, habituales en Lanzarote. Salta a la vista, por tanto, que el repertorio de la arquitectura más popular es reinterpretado con gran libertad en estas estancias, dedicadas en su momento al servicio de la casa, que han sido ampliadas después de la muerte de Manrique y reconvertidas en oficinas de dirección y administración de la nueva Fundación.

Continuando el itinerario, a la izquierda se halla una suerte de pórtico distilo enfatizado a través del cual, no sin sorpresas visuales rebuscadas, accedemos a una sala dedicada provisionalmente a exposiciones temporales, que será destinada a información. Nos referimos al Taro construido en 1994 sobre la planta de un espacio ajardinado que Manrique había dejado al descubierto. Aunque recibe el nombre de esta tipología, en su volumen parece adoptar las formas más evolucionadas de las »hinchazones redondas de tus hornos« (Manrique, 1974) como los de Teguise y Guatiza, si bien se diferencia de ellos por la cubierta más abombada que cubre su planta elíptica y aparece ribeteada en la base de la elipsis y en el aro de la linterna que la corona por una cinta de piedra tallada. Precisamente, tanto en el pórtico de acceso al patio como en la entrada al recinto y otros detalles del interior, tallados todos en piedra, se trasluce la influencia de ciertas arquitecturas religiosas o solariegas en el tratamiento refinado de las jambas y los dinteles. Ciertamente, su espacio interno es bello y está ambientado por la luz que proyecta la linterna central sobre los paramentos límpidos, todo en él invita a la contemplación de las obras, mientras su aspecto externo rebosa no menos refinamiento y prestancia. Objeto excelente como parte aislada, rompe sin embargo la cadencia vernácula y la sencillez del núcleo originario, desbordado por una interpretación barroca que hemos detectado también en los accesos al Mirador del Río y el Jardín de Cactus.

La entrada a la casa propiamente dicha, hoy convertida en Museo, está filtrada por un jardín delimitado por los recurrentes muros sin argamasa a base de piedras volcánicas superpuestas, en el que respiran dos de las burbujas volcánicas y donde se pone de manifiesto la afición de Manrique a acumular »objetos encontrados«. En esta ocasión, colgados en la pared y mezclados con las bouganvillas y los cactus, se trata de grandes anclas de barcos y cabezas esqueléticas de camellos, cabras y otros animales que articulan un inquietante gabinete de curiosidades. Desde este jardín sorpresivo se entra en el núcleo

de la planta superior de la vivienda. Tras ojear el plano de la misma y aún más al recorrerlo, nos percatamos de que se trata de una secuencia de espacios rectangulares y cuadrados que pueden quedar aislados, como los dormitorios, pero que por lo general se interpenetran, originando un continuum fluido en el que el desplazamiento de los ejes y la orientación imprimen un gran dinamismo y una distribución asimétrica.

Es evidente que Manrique se ha inspirado en el crecimiento orgánico de la arquitectura popular, así como que en esta secuencia espacial ha seguido el esquema distributivo del patio central al que en las viviendas de Lanzarote se abrían las restantes habitaciones. Incluso el raudal de luz natural que se filtra a través del lucernario iluminando la burbuja roja, aparte de brillar como un detalle refinado de arquitectura al superponer los dos anillos circulares, abona la función central de este espacio como patio de iluminación y de distribución. Igualmente, la técnica constructiva de algunas cubiertas y de los alzados, los volúmenes cúbicos y las texturas de los paramentos exteriores, delatan la impronta de lo vernáculo. Y ¿qué decir de la presencia descarada de esas chimeneas desmesuradas sobre los volúmenes más puristas? Si bien una de ellas, la colocada en la esquina derecha del salón, se justificaba funcionalmente como salida de humos, la que se encuentra en la esquina izquierda, más próxima a la cocina, tenía un papel meramente decorativo y es casi réplica de una que se alza en Haría, la localidad en la que Manrique construyó su segunda residencia.

Una vez reconocidas estas y otras improntas de la arquitectura de la isla bastaría comparar y contemplar desde el exterior el fuerte contraste existente entre esta chimenea tan calcada a la de Haría y el gran hueco acristalado que se abre debajo de ella, así como la secuencia espacial continua que generan los espacios en su interior, para darnos cuenta de que lo vernáculo local ha sido tamizado por una visión moderna y trasfigurado por una espacialidad que nos remonta al propio Frank Lloyd Wright, el espacio neoplasticista y las casas particulares de Ludwig Mies van der Rohe en los años veinte, mientras los amplios cerramientos acristalados, en disposición de ser abiertos en cualquier momento para fusionar el espacio interno con el externo, tanto pueden evocarnos al mismo Mies como a ciertas imágenes de las villas de Le Corbusier. Es bien sabido que Manrique no tenía una formación arquitectónica específica, pero, también, que en la intuitiva y viajera se había dejado impregnar por numerosos estímulos modernos y era receptivo a lo que se respiraba en el ambiente.

Sea como fuere, en estos espacios Manrique logra una fusión fluida entre lo interior y lo exterior, entre la arquitectura y la naturaleza, que nos es fácil vivenciar si nos salimos a las terrazas exteriores en la parte posterior de la entrada y realizamos »promenades« o si, desde el interior, proyectamos nuestra mirada al exterior o buscamos diferentes ángulos y perspectivas de visión. Es entonces cuando nos sentimos envueltos por la naturaleza exterior en su vegetación exhuberante o en su dureza volcánica; cuando nos inunda el paisaje próximo o lejano; cuando proyectamos nuestra mirada a través de los amplios ventanales y divisamos la vegetación tropical, el río de lava, las arquitecturas

que cual pinceladas blancas motean los llanos y las faldas de las montañas cercanas. Desde cualquier ángulo se nos recompensará con las sorpresas más variadas.

Incluso, desde el interior presentimos lo que nos deparará la planta subterránea, ya que si en el epicentro de la casa asoma la vegetación de la burbuja roja, desde el pasillo que nos conduce al dormitorio percibiremos a través de uno de los ventanales la burbuja amarilla y, a través de otro que se sitúa en el pasillo que desemboca en la actual sala donde se exponen los proyectos, la burbuja negra con el telón de fondo del torrente de lava interrumpido por algunos »socos«. Estas visiones sorpresivas nos ponen de continuo ante nuestros ojos las bellezas más insólitas en las que sedimenta las dispersas por las islas.

Pero entre estas y otras sorpresas no podemos pasar por alto la más íntima y reservada, ya que se trata del baño que se sitúa junto al dormitorio del artista y suscita una gran curiosidad. En realidad, más que un baño con servicios, podríamos considerar a este espacio un »boudoir« inusual, un gabinete más urgido por la contemplación de la desbordante vegetación de las plantas de interior, del paisaje que penetra por los laterales y de la iluminación cenital a través de una cúpula de cristal reverdecida por la flora de la parte superior, que regido por cuestiones fisiológicas. No deja de ser sintomático que este espacio prosaico, tan depreciado por los modernos salvo tal vez Le Corbusier, alcance una estimación tan elevada, que más bien se transforma en un ámbito de contemplación en el que se reconcilian entre sí el cuerpo y el espíritu, el hombre y la naturaleza. A punto de incrustarse en el paisaje, anticipa lo que nos reserva en la planta inferior; se carga de simbolismo y deviene punto neurálgico de ese hacer crecer la casa desde el interior hacia el exterior.

Las suaves transiciones de una estancia a otra, la amplitud de visión hacia el exterior a través de los grandes huecos acristalados, la iluminación tamizada y gradual, la limpieza y el color relajado de los paramentos y otros aspectos transforman a esta secuencia espacial en un ámbito de contemplación cuyo goce es más intenso si lo recorremos vacío y sin bullicio. Pero de nuevo, la contemplación tanto puede proyectarse hacia el exterior como recluirse en el interior. Tal vez esta vivencia animó a Manrique a transformar su casa en un »museo habitable como galería de arte«. Precisamente este museo privado se ha convertido en otro de los grandes atractivos de nuestra visita, ya que, aparte de los bocetos de su obra arquitectónica, en sus salas podemos contemplar obras del Equipo Crónica, Alfonso Fraile, José Guerrero, Manuel Mompó, Gerardo Rueda, Eusebio Sempere, Fernando Zóbel, obras de artistas canarios como Martín Chirino, José Dámaso, Juan Gopar, Manuel Millares o Néstor de la Torre, así como gráficas de Pierre Alechinsky, Eduardo Chillida, Joan Miró, Pablo Picasso, Antoni Tápies y otros.

Con ser intrigante el recorrido seguido hasta ahora, todavía nos quedan por desvelar sorpresas más insólitas ya que desde una sala de la planta superior accedemos a un pequeño jardín en donde a través de una escalera accidentada y rústica nos sumergimos en una primera burbuja. Conocida como la de la bajada o la del aguacate, pues en ella ha crecido este árbol, desde aquí penetramos en las cuatro burbujas restantes y en la piscina gracias a los túneles que se intercomunican. Precisamente, tras el descubrimiento inicial de las burbujas, esta comunicación se repitió como uno de los acontecimientos más emocionantes durante la construcción. En tal difícil tarea, dada la dureza de la piedra basáltica, Manrique fue ayudado por sus entrañables paisanos, con Domingo Padrón, maestro de Tahíche, a la cabeza. Durante los primeros años se penetraba en las burbujas a través de la escalera circular o de caracol que se encuentra en el centro del salón y, a consecuencia de ello, la burbuja roja desempeñaba la función de distribuidor en las demás direcciones. Desde que en marzo de 1989 se finalizaron los trabajos comunicando la burbuja negra con la amarilla, se ha hecho posible un recorrido circular, siguiendo la secuencia burbuja aguacate, burbuja blanca, burbuja roja, jameo de la piscina, burbuja negra y burbuja amarilla. Proclamadas como templos de las musas, cada una de ellas es denominada por los colores que tiñen la parte inferior de sus espacios, mientras el jameo de la piscina organicista, punto de partida para proyectos posteriores en otros lugares, se ha convertido en un fascinante oasis en el desierto de lava.

Analizando la planta que configuran las cinco burbujas y la piscina, advertimos que no guarda parentesco alguno con las que conocemos en la arquitectura, ni siquiera con las propuestas más atrevidas de las tendencias organicistas de los años sesenta, salvo, tal vez, ciertos proyectos utópicos de William Katavolos y Paolo Soleri. Sólo que en Manrique, aparte de que nada tenía que ver con los dibujos de la ciudad marina ni con sus autores, las intuiciones de su utopía se plasmaban en una realidad palpable en la que no solamente exaltaba un lugar donde la naturaleza había creado bellezas incomparables, sino que imprimía a su arquitectura interior el carácter de la propia volcanología de la isla. Sus sueños cristalizaban, pues, en una arquitectura casi »encontrada« en las burbujas y el laberinto cavernoso de los tubos; una arquitectura que brotaba de las entrañas de la tierra y devenía metáfora del seno materno y símbolo de la interioridad física y psíquica.

Ciertamente la bajada a las burbujas no se había desviado a los infiernos, sino que en el descenso una suerte de revelación refulgente iluminaba los enigmas de la isla, así como un encuentro amoroso con la madre tierra concebida como una buena vivienda. Gracias a esta revelación estética lo que para los demás era algo banal y común, hasta objeto de mofa, traslucía para Manrique lo insólito, su recóndita esencia. 20 años más tarde, en 1988, nos recordaba todavía trémulo de emoción, aquellas vivencias originarias que transportaran a una realidad arquitectónica tan inédita como imprevisible: »En mis investigaciones durante esos momentos de mi nuevo contacto con la lava, me encontré con cinco burbujas volcánicas, donde mi asombro colmó mi imaginación introduciéndome en su interior, colgándome por la higuera que partía de su interior. Dentro de esta primera burbuja creía que estaba en otra dimensión, dándome cuenta de las grandes obras de arte que la propia naturaleza concebía. Allí mismo, en su interior, supe que podía convertirlas en habitáculos para la vida del hombre, empezando a planificar mi futura casa viendo con enorme claridad su magia, su poesía y al mismo tiem-

po su funcionalidad. Al salir de nuevo de su intimidad y de su gran silencio, tuve que hacer un esfuerzo para volver a una realidad que se me había escapado.« Y como apostilla, resumía la historia de casi 20 años de haberla vivido como alguien que ha »participado en sus entrañas de un sordo silencio, de contemplar desde su intimidad las estrellas como en un viaje espacial, y en donde el infinito se presiente con instinto animal«.

Si del plano del creador nos trasladamos al de un visitante sensible, percibimos que estamos sumergiéndonos en una arquitectura de formas individualistas, rabiosamente organicista, que nos envuelve como una membrana en donde frente a la geometría de la recta se impone la línea curva, y que no nos afecta tanto a través de la vista como de los sentidos del tacto y la orientación, así como de las sensaciones de nuestro propio cuerpo. A diferencia del espacio visual continuo y lejano que generaba la planta superior, en la subterránea predomina el espacio próximo, casi táctil. Ciertamente, el visitante se sentirá atraído por el diseño de cada burbuja, la vegetación que busca la luz a través de la oquedad superior, los objetos dispersos de diseño o encontrados, los colores que las definían y contribuyen a resaltar el carácter contemplativo de sus espacios y, desde luego, cada cual dejará vagar libremente la fantasía por este laberinto cavernoso y sus rincones de ensueño. Pero, tal vez, todo ello y con ser relevante pase a un segundo término cuando nos invade la sensación de transitar una arquitectura interior ligada telúricamente a la naturaleza inorgánica, pletórica de símbolos sensuales y hasta eróticos, que no puede por menos de evocarnos estados primitivos de nuestra vida prenatal, de nuestras urdimbres intrauterinas.

De una manera intuitiva y espontánea, César Manrique ha materializado ciertas fantasías insatisfechas que agitaban a los arquitectos expresionistas visionarios en torno a la revista *Frühlicht*. No sólo trata de sacar a la luz en el amanecer de la conciencia primitiva que la tierra, como pretendía Bruno Taut, es »una buena vivienda«, sino que, estoy seguro, esta arquitectura volcánica hubiera fascinado a Hermann Finsterlin, incluso al dadaísta Kurt Schwitters, quien en su *Merzbau* recurría a cualquier material con tal de ampliar la fantasía. A no dudarlo, la arquitectura interior de Manrique hubiera colmado esas y otras aspiraciones, ya que en ellas nos sentimos moradores de un organismo, como simbiotas dadores y receptores en las entrañas de la madre naturaleza.

A punto de concluir el itinerario interior, desde la burbuja amarilla ascendemos a través de una escalera no menos cavernosa a una cota intermedia en la que nos topamos con el estudio del artista, hoy en día dedicado a exponer su pintura y a sala de conferencias. En su origen tan sólo ocupaba el primer tramo longitudinal, perteneciendo el resto a la remodelación llevada a cabo en 1992. En él reclaman nuestra atención el muro ciclópeo que queda a nuestras espaldas al salir de la burbuja y ese ventanal fascinante a través del cual percibimos la montaña de Maneje e irrumpe el torrente de lava petrificada, dejando las huellas indelebles de la amenazante historia natural en la nueva intervención. La belleza de ambos motivos se ve potenciada por la selección cuidada de pinturas de Manrique, en algunas de las cuales se de-

lata en sus materias, textura y colores la impronta de la naturaleza, ese barroquismo vulcanológico en el que el espacio táctil actúa como contrapunto del visual.

Por último, desde la puerta del estudio situada a la derecha ascendemos de nuevo a la cota superior general de la casa, en donde nos envuelve un vistoso jardín con un estanque en el centro sobre cuyas aguas parecen reflejarse las plantas y el mural de gran formato horizontal que recorre el muro de la izquierda, pone al descubierto la admiración que Manrique sentía hacia artistas lúdicos de la infancia reencontrada como Paul Klee y Joan Miró. A continuación abandonamos la casa por un portón de inspiración popular y, tras cruzarlo, retomamos el paseo exterior que habíamos dejado al entrar en el Museo.

Aunque sea con brevedad, quisiera llamar la atención sobre dos aspectos que resaltan en el conjunto. En primer lugar, todos los muros exteriores de la casa están tratados »a cuchara«, es decir, sin alisar con la llana. Ello provoca unas superficies rugosas muy atractivas y moldeadas plásticamente. Dado que, al igual que los tejados, están pintadas, como en las arquitecturas de la isla, con cal blanca, sus volúmenes emergen inmaculados tan sólo perturbados por la textura, que a su vez favorece otros matices lumínicos. Sobre estos muros proyectan sus siluetas y sombras o reverberan plantas tropicales gigantescas a veces tan altas como la propia casa, a las que Manrique trataba con gran mimo. Pero no menos envolventes operan los jardines que la rodean por los cuatro costados en los contrastes fascinantes de lo inorgánico, la negrura de la lava, el »picón« y los »socos« con la vegetación tropical y otras plantas exultantes de colorido y alegría.

En 1988 Manrique decidió convertir su casa-estudio en un museo abierto al público y transformarla en una Fundación que legaba como herencia personal al pueblo de Lanzarote. El 27 de marzo de 1992, tras ser ampliada y remodelada, tuvo la satisfacción de inaugurarla unos meses antes de que un desgraciado accidente segara su vida. Sus albaceas se dedican en la actualidad a mantener viva la promoción de las artes y la integración de la arquitectura en la naturaleza y el medio ambiente, así como a conservar los valores naturales y culturales de la isla sin descuidar el presente y mirando hacia el futuro.

1–3. Jameos del Agua, 1966–87.
4–6. Montañas del Fuego, 1970.
7–9. Mirador del Río, 1973.
10–12. Pueblo Marinero, 1981.
13, 14. Jardín de Cactus, 1990.

Photographs/Photographien/Fotografías 1–3, 10–12:
Alberto Lasso

1, 2. Plans (basement and ground floor). Key: 1 ticket office, 2 former service wing (now offices), 3 gallery for temporary exhibitions (former terrace), 4 entrance court, 5 former living room (now collection of paintings), 6 former kitchen (now collection of prints) , 7 terrace, 8 former »tent room« (now collection of environmental projects by Manrique), 9 former corridor (now collection of paintings), 10 former guest room, 11 former bedroom of Manrique (now collection of sketches and drawings by Manrique), 12 bathroom, 13 stairs to the volcanic bubbles, 14 avocado bubble (fountain bubble), 15 white bubble, 16 red bubble, 17 bathroom, 18 swimming pool, 19 kitchen, 20 black bubble, 21 yellow bubble, 22 former studio of Manrique with later addition (now collection of paintings by Manrique), 23 public toilets, 24 garden, 25 former garage (now coffee bar), 26 former garage (now bookshop), 27 store room.

1, 2. Grundrisse (Unter- und Erdgeschoß). Legende: 1 Ticket-Office, 2 früherer Serviceflügel (heute Büros), 3 Galerie für Wechselausstellungen (früher Terrasse), 4 Eingangshof, 5 früherer Wohnraum (heute Gemäldesammlung), 6 frühere Küche (heute Graphikensammlung), 7 Terrasse, 8 früherer »Zeltraum« (heute Sammlung umweltbezogener Projekte von Manrique), 9 früherer Korridor (heute Gemäldesammlung), 10 früheres Gästezimmer, 11 früherer Schlafraum von Manrique (heute Sammlung von Skizzen und Zeichnungen von Manrique), 12 Bad, 13 Treppe zu den Lavablasen, 14 Avocado-Blase (Fontänenblase), 15 weiße Blase, 16 rote Blase, 17 Bad, 18 Schwimmbad, 19 Küche, 20 schwarze Blase, 21 gelbe Blase, 22 früheres Atelier von Manrique mit späterer Erweiterung (heute Sammlung von Gemälden von Manrique), 23 öffentliche WCs, 24 Garten, 25 frühere Garage (heute Kaffebar), 26 frühere Garage (heute Buchladen), 27 Lagerraum.

1, 2. Planos (planta inferior y primera planta). Leyenda: 1 taquilla, 2 antigua casa del servicio (ahora oficinas) 3 sala de exposiciones temporales (antigua terraza), 4 patio de entrada, 5 antiguo salón (ahora colección de pinturas), 6 antigua cocina (ahora colección de obra gráfica), 7 terraza, 8 antiguo »cuarto de la jaima« (ahora colección de proyectos de intervención en el medio de Manrique), 9 antiguo pasillo (ahora colección de pinturas), 10 antiguo cuarto de invitados, 11 antiguo dormitorio de Manrique (ahora colección de bocetos y dibujos de Manrique), 12 cuarto de baño, 13 descenso a las burbujas volcánicas, 14 burbuja del aguacate (burbuja de la fuente), 15 burbuja blanca, 16 burbuja roja, 17 cuarto de baño, 18 piscina, 19 cocina, 20 burbuja negra, 21 burbuja amarilla, 22 antiguo taller del artista y ampliación posterior (ahora colección de pinturas de Manrique) 23 aseos públicos, 24 jardín, 25 antiguo garaje (ahora café-bar), 26 antiguo garaje (ahora tienda-librería), 27 almacén.

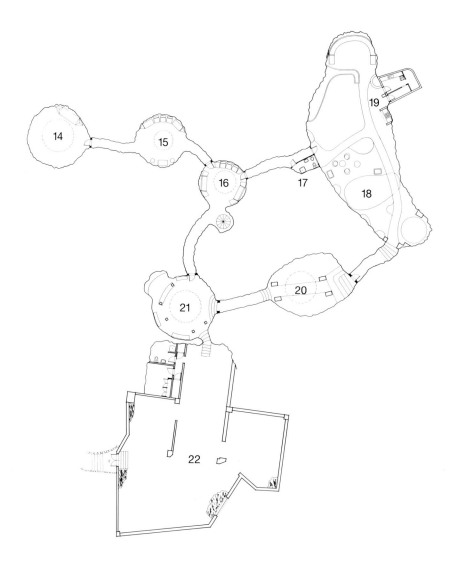

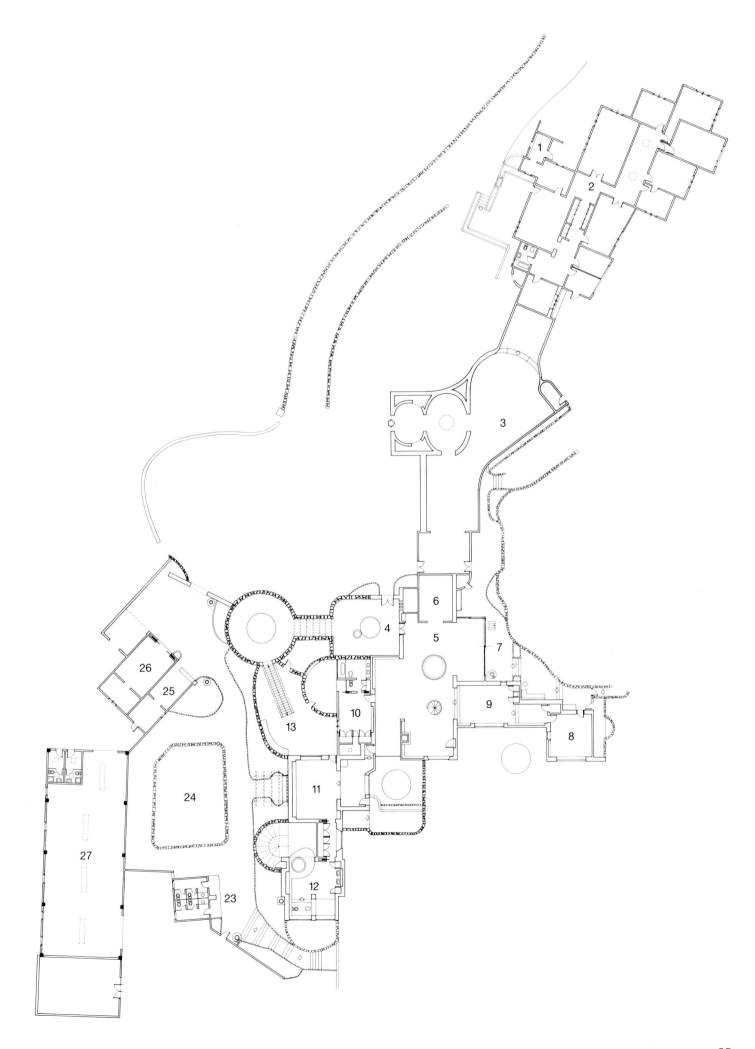

0   5   10 m

25

7. Entrance to the gallery for temporary exhibitions.
8. Entrance hall of the gallery for temporary exhibitions.

7. Eingang zur Galerie für Wechselausstellungen.
8. Eingangshalle der Galerie für Wechselausstellungen.

7. Entrada a la sala de exposiciones temporales.
8. Hall de entrada a la sala de exposiciones temporales.

9, 10. Gallery for temporary exhibtions.

9, 10. Galerie für Wechselausstellungen.

9, 10. Sala de exposiciones temporales.

11. Forecourt with the gallery for temporary exhibitions in the background and the door to the entrance court of the house on the right.
12. Entrance to the garden with the bookshop and the coffee bar in the background.
13. Administration wing with the sea in the background.

11. Vorplatz mit der Galerie für Wechselausstellungen im Hintergrund und dem Tor zum Eingangshof des Hauses auf der rechten Seite.
12. Eingang zum Garten mit dem Buchladen und der Kaffeebar im Hintergrund.
13. Verwaltungstrakt mit dem Meer im Hintergrund.

11. Explanada con la galería de exposiciones temporales al fondo y la puerta del patio de entrada de la casa a la derecha.
12. Entrada al jardín con la tienda librería y el café-bar al fondo.
13. Ala de administración con el mar al fondo.

14. View of the house from the garden.
15. Garden with mural by Manrique in the background.
16. Entrance courtyard.

14. Blick vom Garten auf das Haus.
15. Garten mit Mural von Manrique im Hintergrund
16. Eingangshof.

14. Vista de la casa desde el jardín.
15. Jardín con mural de Manrique al fondo.
16. Patio de entrada.

17. South façade of the gallery of temporary exhibitions.
18, 19. Terrace on the south side of the house.

17. Südfassade der Galerie für Wechselausstellungen.
18, 19. Terrasse auf der Südseite des Hauses.

17. Fachada sur de la galería de exposiciones temporales.
18, 19. Terraza en el lado sur de la casa.

20–22. Former living room.

20–22. Früherer Wohnraum.

20–22. Antiguo salón.

23, 24. Former living room.

23, 24. Früherer Wohnraum.

23, 24. Antiguo salón.

25, 26. Bathroom.

25, 26. Bad.

25, 26. Cuarto de baño.

27–29. Avocado bubble (fountain bubble).

27–29. Avocado-Blase (Fontänenblase).

27–29. Burbuja del aguacate (burbuja de la fuente).

30, 31. White bubble.

30, 31. Weiße Blase.

30, 31. Burbuja blanca.

36–38. Former studio of Manrique (with later addition).

36–38. Früheres Atelier von Manrique (mit späterer Erweiterung).

36–38. Antiguo estudio de Manrique (con ampliación posterior).